KB104026

전쟁의 진실

戦争の真実: 証言が示す改憲勢力の歴史偽造

Copyright © 2019 by Shinbun Akahata

이 책의 한국어판 저작권은 건국대 중국연구원을 통해 SHINBUN AKAHATA와
독점계약한 정한책방에 있습니다. 저작권법에 의해 한국 내에서 보호를 받는 저작물이므로
무단전재와 무단복제를 금합니다.

전쟁의 진실

증언으로 본 일본의 아시아 침략

戦争の真実: 証言が示す改憲勢力の歴史偽造

《신문 아카하타》 편집국 지음 · 홍상현 옮김

『전쟁의 진실』한국어판 서문

다시 한 번 한국의 독자 여러분께

《신문 아카하타》편집국장 고기소 요지

■ 3 · 1운동 기념일

증언을 통해 침략전쟁과 식민지 지배의 실상에 다가서려 한 이 책 『전쟁의 진실』은 한국에서 2017년 8월 발행된 『우리는 가해자입니다』 의 자매편입니다. 모두 일본 공산당 기관지인 《신문 아카하타》편집국 의 편저이며, 이번 책도 건국대학교 KU중국연구원의 해외 명저 번역총 서로 한국에서 출간하게 되었습니다. 이는 말로 다 할 수 없는 영광입 니다. 힘써주신 한인희 원장님 등 관계자 여러분께 감사드립니다.

올해는 1919년 3월 1일 한반도 전역에서 일어난 역사적인 독립투 쟁인 3 · 1운동이 100주년을 맞는 해입니다. 저는 지난해 3월, 건국대 의 초청으로 방한, 《경향신문》과 인터뷰했습니다. 당시 3 · 1운동에 관 한 질문을 받고, 저는 제가 가지고 간 한국의 독립운동에 대한 지지 · 연 대를 호소한 전전(戰前)의 《적기(赤旗)》(《신문 아카하타》의 전신) 지면 카피를 보여드리면서, "3·1운동 이후 1세기 동안 세계적으로 식민지배체제가 붕괴됐다. 또한 국민주권, 즉 민주주의 흐름이 강해졌다. 이러한 전향적인 흐름에 3·1운동이 큰 공헌을 했다고 생각한다"고 말씀드렸습니다. 그 역사적 기념일에 본서가 한국에서 출판된다는 것은《신문 아카하타》편집국으로서는 기대 이상의 기쁨입니다.

■ '전쟁의 진실' 규명과 교훈의 계승에 매달리는 이유

한국에서의 출판을 맞아, 이 책의 일련의 주제인 침략전쟁과 식민지 지배의 실태 규명, 그리고 교훈의 계승에《신문 아카하타》편집국이 매달리는 이유, 다시 말해 그 취재와 집필의 동기에 대해 한 말씀 드리고자 합니다. 우선 우리의 정체성이라고도 할 수 있는 문제, 역사에 대한 책임입니다.

《적기》는 1928년 2월 일본공산당 기관지로 창간해 지난해 90주년을 맞았습니다. 당시 절대주의 천황제 정부가 추진하던 침략전쟁과 식민지 지배에 공공연히 이의를 제기, 반전·평화의 투쟁을 호소한 일본의 정당은 일본공산당뿐이었으며, 언론은《적기》하나였습니다. 그런 까닭에《적기》는 일본정부에 의해 비합법화 될 수밖에 없었습니다. 그 자체가 목숨을 건 투쟁이었던 것입니다. 급기야《적기》는 천황제 정부의 거듭되는 탄압에 의해 1935년 제187호를 기점으로 발행 불능 상태에 접어들었는데, 창간 이후 7년 동안 그 지면은 반전·평화, 식민지 지배 반대 투쟁이 명확히 아로새겨져 있었습니다. 이 싸움과 관련해서 전후, 어느 저명한 지식인은 일본공산당이 "반전을 통해 일본인의 명예를

지켰다"고 평가했습니다. 이 주장의 정당성은 일본 제국주의의 패배로 증명되었을 뿐만 아니라, 전쟁 방기(포기), 주권재민을 부르짖는 현재의 일본국 헌법으로 결실을 맺었습니다.

전후,《적기》는 복간되었고, 그 후 전전의 반전·평화의 전통을 계승하면서 금기 없이 진실을 전하는 국민 공동의 신문으로서의 행보를 착실하게 걸어오고 있습니다.

그런 까닭에 전쟁은 무엇이었으며, 식민지 지배란 어떤 것이었는지, 실체를 파헤쳐 끊임없이 검증하고, 일본이 두 번 다시 같은 실수를 반복하지 않도록 그 교훈을 다음 세대에 계승하는 것은 우리《신문 아카하타》편집국 제1의 책무임을 자각하고 있습니다.

역사 위조의 위험성은 전후 70년을 맞는 아베 총리의 담화(2015년 8월)에서 분명히 드러났습니다. 아베 담화에는 '침략', '식민지 지배', '반성', '사죄' 등의 문구가 삽입되기는 했지만, 일본이 "국책의 오류"로 인해 "식민지 지배와 침략전쟁"을 벌였다는 '무라야마 담화'에 나타난 역사인식의 핵심적 내용이 전혀 언급되지 않았습니다. 담화에서 보다 중대한 것은 폭력과 강압으로 한반도의 식민지화를 진행시킨 러일전쟁에 대해 "식민지 지배 아래 있던 많은 아시아와 아프리카 사람들에게 용기를 주었다" 등의 표현으로 찬미한 일입니다. 난폭하기 짝이 없는 역사의 왜곡, 식민지 지배 정당화론이라 하지 않을 수 없습니다.

이는 결코 우연이 아닙니다. 아베 정권이 침략전쟁을 긍정·미화하고 역사를 위조하는 극우세력으로 구성되어 있으며 또한 뒷받침되고 있다는 문제가 바탕에 깔려 있습니다. 아베 총리 본인을 포함, 아베 정권의 각료 대부분이 '일본회의 국회의원 간담회', '신도정치연맹 국회의원 간담회' 구성원이라는 것도 이와 같은 상황을 그대로 보여주고 있습니다.

■ '역사적 터부'라 할 수밖에 없는 일본 언론의 약점

이 점과 관련해서 한 가지 더 지적하고 싶은 것은, 실로 '역사적 터부'라 할 만한, 역사문제와 관련된 일본 언론의 약점입니다. 일본의 거대 신문은 침략전쟁과 식민지 지배에 가담했지만 진지한 반성과 정리도 없이, 전쟁 이전과 전쟁 당시의 옛 경영진 또한 대부분 자리를 지키는 가운데 전후에도 신문 발행을 이어갔습니다. '만주사변'(1931년)을 계기로 한 침략전쟁에 대한 노골적인 협력에는 일정 정도 반성하는 모습을 보였지만, 한국 등에 대한 식민지 지배에 대한 반성은 거의 이뤄지지 않았던 게 사실입니다. 따라서 역사문제, 특히 식민지 지배에 대한 반성이라는 점에서는 일본정부의 인식과 다를 바 없는 약점을 안고 있는 것입니다.

실제로 지난해 10월 조선인 '강제징용' 문제를 둘러싼 한국 대법원 판결 보도·논평 등을 보더라도 그 약점이 적나라하게 드러납니다. 한국 대법원이 강제징용 피해자에게 배상하라는 판결을 내린 데 대해, 아베 총리는 "국제법에 비추어 있을 수 없는 판단"이라며 기고만장한 대응을 했음에도, 대부분의 일본 언론은 정부의 자세에 따라 "한국이 괘씸하다"고 입을 모았습니다.

강제징용 문제의 본질은, 일본의 침략 전쟁, 식민지 지배와 결부된 중대한 인권 문제입니다. 본래대로라면 가해자인 일본정부와 해당 기업은 과거의 잘못에 대한 진지한 반성을 기초로 피해자의 존엄, 명예를 회복하기 위해 노력해야 합니다.

일본공산당은 이러한 입장에서 견해를 발표, 한·일 청구권 협정에 의해 국가 간 청구권 문제가 해결되었다 하더라도 피해자 개인의 청구권은 소멸하지 않았다는 것을 일본정부도 인정하는 한편, 이 점에서 한국 정부도 일치하고 있음을 지적하면서, "이러한 입장에 서서 일본정부와 해당기업은 '해결완료'라는 입장이 아니라, 피해자의 명예와 존엄을 회복하는 공정한 해결의 도모를 위해 성실히 노력해야 할 것"이라고 냉정한 대응을 촉구했습니다.

하지만 일본 언론은 강제징용 판결에 대해 "있을 수 없는 판결"이라고 잘라버리는 일본정부를 따라갈 뿐, 권력 감시나 과거사 검증 등의 본분을 다하지 못했습니다. 한 일본 역사학자의 다음과 같은 지적이 그 본질을 드러내고 있습니다.

"이번 사안에 대한 반응 등을 보더라도, 일본 언론은 정부와 궤를 같이하며 처음부터 '한국이 괘씸하다'는 식의 논조를 취했습니다. 역사적 사실을 직시하지 않는 문제와 동시에, 아시아의 이웃 사람들을 내려다보는 시선·가치관이 지대한 영향을 미치고 있습니다. 이런 문제와 관련해서 언론이 경직된 태도를 보이고 있는 것이지요. 만약 전쟁이 일어나면 일제히 정부의 응원단이 될 수도 있는 소지가 보여 불안합니다."

(메이지대학교 교수 야마다 아키라(山田朗) 씨)

바로 그렇기 때문에 저는 《신문 아카하타》라는 언론이 침략전쟁과 식민지 지배의 문제에 정면으로 대응하는 일이 결정적으로 중요하다고 생각하는 것입니다.

■ 역사문제의 해결, 진정한 우호·발전을 위해

앞서 발행된 『우리는 가해자입니다』는 한국에서도 널리 호평을 받았으며, 언론에서도 "가해자의 나라인 일본에서, 그것도 전후세대 기자들이 자국의 치부를 스스로 드러내고 고백했다는 점에서 한 가닥 희망을 발견하게 된다."《한국경제》, "일본 정치인들의 망언에 분노하더라도 식민지배를 진심으로 반성하고 군국주의를 경계하는 양심적인 일본인이 적지 않다는 것을 잊어서는 안 된다."《동아일보》, "일제 침략현장 추적 … 일본 언론인들의 양심고백"《국제신문》 등 과분한 평가를 받았습니다.

동시에 여기서 한 가지 강조하고 싶은 것은, 일본에서 전쟁의 진실을 직시하며, 역사를 위조하는 수정주의 세력에 과감하게 맞서고 있는 사람들이 결코 소수파가 아니라는 사실입니다. 일본에서는 지금, 폭주하는 현 정권에 대항하는 시민·야당 연대가 큰 진전을 보이고 있는 상황입니다. '전쟁하는 나라 만들기'와 연계된 헌법 9조 개헌 움직임에 대해, "아베 9조 개헌을 불허한다"는 공감대가 확산되고 있는 것입니다. 바로 이 지점에 큰 희망이 있습니다.

아무쪼록 '3·1운동 100주년'이라는 역사적 시점에 출간되는 이 책이 한·일 두 나라의 진정한 우호관계 발전과 동북아와 세계평화로 이어지기를 바라면서, 한국의 독자 여러분께 인사 말씀을 전합니다.

2019년 2월 1일《신문 아카하타》 창간 91주년 기념일에

추천사

한인희(건국대 중국연구원 원장)

최근의 한일관계는 국교정상화 이후 최악이라는 평가를 받고 있다. 2년 전 번역학술총서 제1권인 『우리는 가해자입니다』를 출판할 때와 같이 '일본의 침략 문제'에 대한 아시아인들의 상처가 아물지 않고 있기 때문이다. 일본의 '침략'에 대한 반성 부족은 차치하더라도 일본의 태도는 조금도 변화가 없다. 일본정부의 진심어린 사과가 전제되어야만 하는 상황에서 '사죄'는 완료되었다는 현 일본 집권세력의 태도는 두 나라의 미래지향적 관계를 불가능하게 하고 있다.

이 문제를 해결하려는 노력을 계속해온 《신문 아카하타》 편집국의 『전쟁의 진실』은 건국대학교 중국연구원의 번역학술총서 제2권으로서, 일본에도 진실을 밝히려는 사람들이 있다는 사실을 알려주는 중요한 교류의 결과물이다.

번역을 담당한 홍상현(洪相鉉) 선생은 한국과 일본에서 활동하는

주목받는 저술가이다. 그는 신일본출판사가 발행하는 월간지《게이자이》
한국 특파원이자 일본저널리스트회의(JCJ) 회원으로서 도쿄대학 이미
지인류학연구실(IAL) 네트워크 멤버로 활동하고 있는 한일문제 전문가
가운데 한 분으로, 다양한 저술과 언론기고를 통해 일본의 참 모습을
한국에 알리고 있다.

　건국대학교 중국연구원은 지난 2015년 10월 한일 국교정상화 50주
년을 기념해 일본공산당 시이 가즈오(志位和夫) 위원장의 저서『전쟁이
냐 평화냐─전후 70년의 동북아시아 평화』를 시작으로 신일본출판사
의 책들을 지속적으로 국내에 소개하고 있으며 국내외 언론의 주목을
받았다.

　특히 이번에 출판하는 이 책은 3·1운동 100주년을 맞아 한·일 두
나라의 진정한 우호관계 발전과 동북아와 세계평화로 이어지기를 바라
는 마음으로《신문 아카하타》의 기자들이 번역학술총서 1권이었던『우
리는 가해자입니다』이후에 열정적인 후속취재를 통하여 2016~17년에
《신문 아카하타》'일간지·일요판'에 게재된 기사를 바탕으로 이전의 책
에서 다루지 않았던 새로운 내용에 대해 광범위한 취재를 바탕으로 저
술한 자매편이다. 피해를 당한 이들의 '증언'을 구체적이면서 객관적으
로 싣고 있는 이 시리즈의 장점은 높이 평가받을 만하다.

　아시아에서 벌어진 일본의 전쟁 '침략'과 그 전쟁의 '진실'에 대해
서 일본 내부의 양심세력이 꾸준히 목소리를 내고 있다는 점에서 이 책
은 충분히 읽어볼 만한 가치가 있기에 한국 독자들에게 추천을 하는 바
이다.

끝으로 2015년 10월 이래 우정을 나누고 있는 시이 가즈오 일본 공산당 위원장께 뜨거운 감사의 인사를 전해 드린다. 이 책을 구상하고 집필한 《신문 아카하타》 편집국의 기자 분들과 출간을 연속적으로 허락해주신 오기소 요지(小木曽陽司) 편집국장께도 다시 한 번 감사의 인사를 드린다. 또한 번역자 홍상현 선생과 늘 안부를 전해주시고 우정을 나누는 신일본출판사의 다도코로 미노루(田所念) 사장님께 인사를 올린다. 마지막으로 한국의 출판시장의 어려움에도 지속적으로 중요한 서적의 출판을 맡아주시는 정한책방의 천정한 사장님께도 감사를 드린다.

2019년 2월

건국대학교 중국연구원장

한인희

머리말

아베 신조 총리와 자민당은 "개헌은 필요 없다"는 국민 다수의 여론을 거스르며 자위대가 해외에서 무제한적으로 무력을 행사하게끔 헌법 9조 개악을 추진하고 있습니다. 총리는 1955년 '보수합동'으로 자민당 결성을 거론하며 "왜 합동을 했느냐. 점령시절에 만들어진 헌법을 비롯한 여러 가지 시스템을 안정시킨 정치기반을 안에서 바꿔가려는 것"(2018년 자민당 시무식 인사말)이라고 말했습니다. 3월 당대회에서는 '창당 이래의 과제', '자민당의 책무'라며 개헌을 향한 강한 의욕을 내비쳤습니다.

아베 총리가 개헌에 착수한 동기가 총리의 역사인식과 밀접하게 얽혀 있다는 것을 이 발언에서 볼 수 있습니다. 이 책은 개헌세력이 근거하고 있는 전쟁관(戰爭觀)과 역사인식의 근본적인 오류, 역사의 위조를 당사자들의 증언을 통해 밝히고 있습니다.

전쟁을 일으키기 이전인 73년 전 일본은 어땠을까요.

당시 일본은 청일전쟁(1894~95년) 이래, 러일전쟁(1904~05), 한국 병탄(1910), '만주사변'(1931), 중일 전면전쟁(1937), 그리고 아시아태평양 전쟁의 개시와 종전(1941~45)까지 이어지는 51년 동안 아시아 민족들의 지배자가 되기 위해 침략전쟁과 식민지 지배의 역사를 반복하고 있었습니다. 전쟁에 동원하기 위해 국민의 자유와 기본적 인권을 송두리째 빼앗고, 침략전쟁 반대의 목소리를 검열했으며, 특별고등경찰 등에 의한 탄압·투옥을 자행했습니다.

그리고 전쟁 말기에는 일본의 전쟁 지도부가 종전이 확실시 되는 상황에서 전쟁을 단념하지 않았기 때문에 도쿄를 비롯한 도시에 미군의 대공습, 지상전이었던 오키나와 전투, 히로시마·나가사키 원폭 투하, 소련군의 '만주' 침공 등의 비극이 일어났습니다. 이 책은 당시 민간인들이 직면했던 이런 피해에 대해서도 다룹니다.

일본은 반파쇼연합국에 의한 포츠담 선언을 수락하고 종전을 맞았습니다. "세계정복의 오류를 범한 권력과 세력을 영구히 제거"(선언문)할 것을 약속하고, 평화국가가 될 것을 결의하며 국제사회에 복귀했습니다. 헌법전문에는 "정부의 행위에 따라 다시 전쟁의 참화가 일어나는 일이 없게 할 것을 결의하고, 여기서 주권이 국민에게 있음을 선언하며, 이 헌법을 확정한다"고 되어 있습니다. 이것이 전후의 출발을 맞는 국민들의 진심어린 결의였습니다.

이 국민주권과 항구평화주의로의 역사적 전환이 전후 70여 년에 걸쳐 전쟁 없는 일본을 지탱해왔습니다. 전쟁 포기·전력 불보유의 헌법 9조야말로 이를 위한 최대의 보장이었습니다. 이는 과반수가 9조 개정이 '필요 없다'고 답한 최근의 일본여론조사회의 조사에도 나타나고 있습니다.

아베 총리의 "점령시절에 만들어진 헌법을 비롯한 여러 가지 시스템"을 "바꿔간다"는 발언은 전후 일본의 출발점을 부정하는 '전전회귀(戰前回歸)'의 표명이며, 총리가 주장하는 '이상적'인 '나라의 모습'을 보여줍니다. 이러한 모습은 A급 전범 용의자였던 외조부, 기시 노부스케 전 총리가 바라던 '헌법의 개정'이 경제력 회복 이후로 미뤄졌다며 분함을 내비친 저서『새로운 나라로』[1] 등에서도 잘 나타납니다.

아베 총리의 지론인 '전후 레짐(regime, 체제)로부터의 탈각'은 전전의 메이지(明治)헌법 하에서의 덴노(天皇) 중심의 절대주의적 전제정치의 긍정·부활과도 이어집니다. '메이지 150년'의 이름을 빌린 삿초(薩摩)[2]의 번벌(藩閥)[3]에 의한 메이지정부 발족을 미화, 구미열강 진출의 '국난(國難)'에 대항한다는 구실로 일본 군국주의의 국가체제를 만든 것이 선구적이었다고 선전하는 캠페인에서도 그 속셈이 드러납니다.

이 책은《신문 아카하타》편집국 편,『우리는 가해자입니다』(2016년 3월 발행, 한국어판은 2017년 8월 7일 발행)의 자매편입니다. 이전 책은 다행히도 호평을 얻어 한국의 건국대학교 KU 중국연구원의 해외명저번역총서 제1권으로 출판되었습니다. 이 책은 그 뒤의 취재에 의해, 2016~

---

1 2013년, 분슌신쇼(文春新書).

2 지금의 가고시마 현 서부 지방과 야마구치 현 서북부 지방을 가리킴. 과거 메이지유신의 주축세력. (옮긴이)

3 메이지유신에 공이 있는 번 출신들이 만든 파벌. (옮긴이)

17년에《신문 아카하타》일간지·일요판에 게재된 기사를 바탕으로 하고 있습니다. 이전 책에서 다루지 않았던 내용에 대해 광범위한 취재가 이루어진 까닭에 새롭게 책으로 엮어진 것입니다.

집필을 맡은 기자는 전후의 민주정치와 이를 지탱해 온 헌법 9조의 소중함을 취재 과정에서 통감하고, 전전 일본의 침략전쟁과 식민지 지배의 역사를 사실로서 규명하기 위해 아시아 각지와 국내 현장으로 달려가 체험자의 증언을 직접 취재하는 데 매달렸습니다.

한국, 중국, 동남아시아 등 각지의 여성을 다수 연행해서, '위안소'에 강제로 가둬 성노예로 삼은 일본군 '위안부' 문제를 비롯해서, 고령의 피해 당사자들을 뵙고 말씀을 듣는 일은, 괴롭고 슬픈 일이었습니다. 하지만 오직 진실을 밝히는 것에 의해서만이 일본의 침략행위에 대한 반성과 사죄의 길이 열릴 수 있다는 굳은 생각으로 취재에 임했습니다.

이 책은 3부로 구성되어 있습니다.

1부 '일본의 아시아 침략과 식민지 지배의 만행'에서는 요즈음 극우 개헌단체 '일본회의' 등이 그 사실을 부정, 축소하기 위해서 기를 쓰고 있는 난징대학살 사건, 일본군 '위안부' 문제, 생체실험을 했던 육군 731부대의 잔학함의 진상을 밝히는 증언이 소개되어 있습니다. 지금도 남아 있는 중국침략의 상흔을 추적하기 위해, 침략 초기의 평딩산 사건(1932년), 당시 벌어진 주민학살과 루거우차오 사건(1937년)이 발단이 된 중일 전면전쟁 확대, 중국의 도시 충칭폭격과 유기된 독가스 무기에 의해 지금도 일어나고 있는 중국에서의 주민피해 등을 다루고, 또한 동남아시아, 남방의 섬들에 남아 있는 일본군의 전쟁 유적을 더듬어 보는 르포도 다루고 있습니다. 난징사건과 관련해서는 중국과 일본의 시민들이 서로 교류하고 있습니다. 관동대지진(1923년) 당시 일어난 조선인 학살, 전시의 일본에서 벌어진 중국인 강제 노동의 실태와 전후 보상의 문제도 다루고 있습니다.

2부는 '가해와 피해의 역사를 응시하며'라는 주제로 주민들까지 휘말리는 지상전이 벌어졌던 오키나와 전투, 히로시마·나가사키에서의 원폭 투하와 UN의 핵무기 금지조약 채택으로 결실을 맺은 피폭자들의 오랜 활동, '만몽개척단'과 시베리아 억류의 불합리함, 모략의 거점이었던 노보리토 연구소와 과학기술자의 전쟁 책임, 소년병 동원과 예과 훈련의 실상 등을 정리했습니다.

3부 '평화에 산다'는 5명의 일본공산당원의 체험담입니다. 적지 않은 전쟁 체험자들이 전후, 일본공산당이 일본의 침략전쟁과 식민지 지배에 반대한 유일한 정당이었다는 것에 주목하고 전쟁 없는 평화로운 세상을 만들기 위해 입당해서 지금까지도 활동을 이어가고 있습니다. 당의 반전평화 활동의 원점에 대해 알아보는 한편, 그 전체상을 이해하는 데 일조할 수 있는 내용을 담았습니다.

이 책의 구성은 위와 같습니다만, 관심이 있는 장부터 읽기 시작하셔도 무리가 없을 것입니다.

집필자를 대표하여

야마자와 타케시(山澤猛)

차례

1부

일본의 아시아 침략과 식민지 지배의 만행

2부

가해와 피해의 역사를 응시하며

3부

평화에 산다

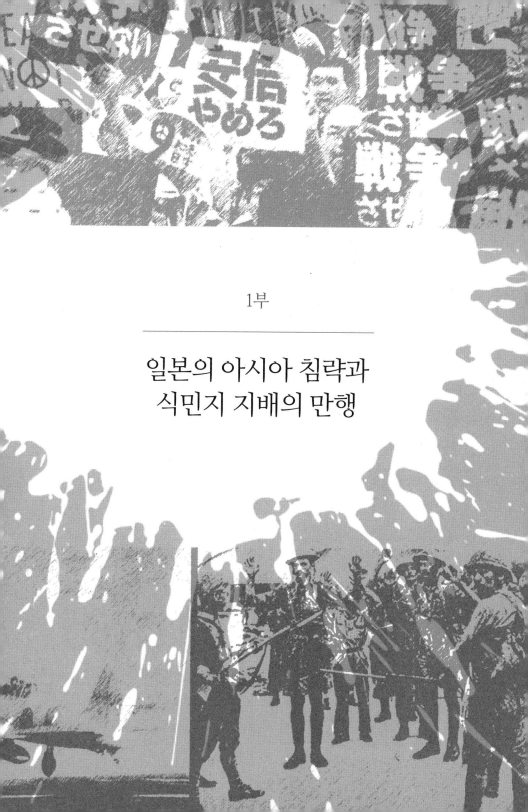

1부

일본의 아시아 침략과
식민지 지배의 만행

1

난징대학살 80주년

(1) 난징대학살 80주년
― 진중일기, 만행의 기록

1937년 7월, 중국 베이징 교외에서 일어난 루거우차오 사건을 계기로, 일본군은 중국과의 전면전쟁을 시작했습니다. 8월에는 상하이에서 대규모의 전투로 발전(제2차 상하이 사변). 일본군은 병력을 증파해 상하이에서 수도 난징으로 진격, 12월 13일에는 난징을 점령하기에 이릅니다. 일본군은 난징으로의 추격전과 함락 후의 소토전(掃討戰)에서 중국군 포로와 비전투원을 조직적으로 살해하고, 주민들로부터 식량을 약탈했습니다. 민가에 대한 방화, 여성에 대한 성폭력도 다발했습니다.

2017년 12월은 일본군의 잔학성을 상징하는 난징대학살이 일어난 지 80주년입니다. 그러나 자민당 의원 일부와 침략전쟁을 긍정·미화하는 세력은 아직도 "학살은 없었다"면서 공격하고 있습니다. 하지만 병사들이 남긴 진중일기에는 학살이 틀림없는 사실로 기록되어 있습니다. 아베 신조 정권이 개헌을 획책하는 이 시점에서, 침략의 실태에 대해 생각해보았습니다.

① "2일간 2만 명 가까이 총살"

1937년 12월의 난징대학살. 일본군은 대학살을 저지르기 전, 상하이에서 난징까지 오는 도정에서도 비전투원을 살해했습니다. 하급 장교와 병사가 개인적으로 기록한 진중일기에는 상하이 부근에 상륙한 직후부터 일본군의 만행이 생생하게 쓰여 있습니다.

진중일기는 난징대학살에 관한 조사를 계속하고 있는 오노 겐지(小野賢二) 씨(68)가 20년간 많은 병사와 유족으로부터 31권을 넘겨받은 것입니다.

[1937년 10월 6일]

"목적지에서 포로[마마, 로(虜)] 10여 명 총살" 사이토 지로(齊藤次郎), 보병

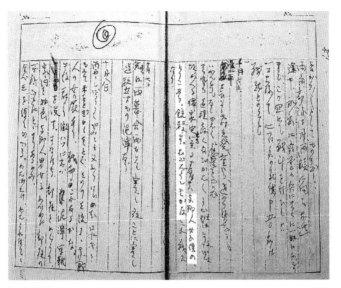

[자료 1] 호리코시 후미오의 진중일기(복사)

[자료 2] 쿠로스 타다노부의 진중일기

제65연대

"지나인 여자아이 포로 총살" 호리코시 후미오(堀越文男), 보병 제65연대, [자료1]

[10월 11일]

"편의대(便衣隊)¹ 1인 생포 후 참수, 불쌍하다는 느낌이 점점 사라짐" 메구로 후쿠지(目黑福治) 산악포병 제19연대

[11월 22일]

"상하이에서 난징으로 통하는 도로에 나옴 … 지나 병사의 사체가 산재해 있음 … 민가는 대부분 불태워져 처참함" 사이토

12월 13일 난징 함락. 포로의 대량학살과 관련해서는 다음과 같다.

[12월 16일]

"포로 총수 1만 7천 25명, 저녁 무렵부터 군의 명령에 따라 포로의 3분의 1을 강기슭(양쯔강기슭)로 끌어내 1(제1대대)가 사살" 엔도 다카아키(遠藤高明) 보병 제65연대

[12월 17일 = 난징 입성식 날]

"오후 5시 적병 약 1만 3천 명을 총살하는 사역에 감. 2일 동안 야마다(山田) 부대가 2만 명 가까이 총살" 메구로

[12월 19일]

"어제 총살된 적 사체 1만 수천 구를 양쯔강에 버림" 메구로

---

1 사복 스파이 · 게릴라, 병사. 일본군은 수많은 민간인을 편의대로 간주해 살해했다.

사체를 끌어내 바다에 버리는
작업을 하는 공병대
무라세 모리야스(村瀨守保) 촬영.
중일우호협회 제공

학살뿐만이 아닙니다. 현지에서 벌어진 식량 등의 '징발'은 군의 명령이었으며, 병사들은 부족한 물자를 보충하기 위해 현지 주민들에 대한 약탈을 거듭했습니다.

[11월 16일]
"식량 보급이 전혀 되지 않아 지나인 가옥에서 쌀과 그 외의 물자를 징발, 목숨을 유지하며 전진" 쿠로스 타다노부(黑須忠信), 산악포병 제19연대, [자료 2]

[11월 17일]
"연대명령에 따라 닭, 돼지, 쌀, 보리 등을 최대한 징발" 메구로

[11월 19일]

"군마의 식량을 징발하는 것이 선결과제" 사이토

일본군은 보급사정이 나빴기 때문에 병사들은 현지에서 약탈을 해도 충분히 식량을 조달하기 어려웠습니다. 오노 씨는 "남방전선과 마찬가지로, 중국전선에서도 많은 병사들이 영양실조 상태였다"고 언급합니다.

진중일기에서는 병사들의 심중도 엿볼 수 있습니다.

후쿠시마에서 농사일을 하던 사이토 씨의 경우, 앞서 언급된 진중일기에 "농가는 벼 베기에 바쁠 텐데"(1937년 10월 17일)라고 적어 놓는 등 고향의 가을 축제와 벼 베기, 보리 파종 시기에 대해 기록해 놓았습니다.

고향에 대한 마음과 '총살', '징발' 같은 비인간적 행위가 병기되어 있는 것에 대해 오노 겐지 씨는 "전쟁터가 일상생활의 연장선상에 있었기 때문일 것"이라 추정했습니다.

"병사들은 상하이에 상륙하면서부터 잔학성을 띤 것이 아니다. 메이지 이후 천황에 충의를 다한다는 가치관을 일상적으로 주입받은 결과 아닐까."

※ 진중일기는 『난징대학살을 기록한 황군 병사들』[2]에서 인용. 인명은 가명이며 내용은 현대 일본어로 고쳐 적은 것입니다.

2　1996년, 오츠기쇼텐(大月書店).

② '난징대학살'이란

― 일본군에 의한 조직적 범죄

■ 세계에 보도되어, 도쿄재판에서 단죄

일본에서는 학살에 대해서 엄중한 보도관리가 이루어졌기 때문에 국민들이 사실을 잘 알지 못했습니다. 하지만 구미에서는 당시 난징에 있었던 외국인 기자들에 의해 보도되었습니다. 미국의 스틸(Archibald Trojan Steele) 기자는 미국 함선에서 난징을 떠나올 때 목격한 정경을 다음과 같이 기록하고 있습니다.

"강기슭 가까이의 성벽을 등지고 3천 명의 중국인 중 한 무리를 정연하게 처형하는 광경이 펼쳐졌다. 그곳에는 이미 무릎까지 차오를 정도로 사체가 쌓여 있었다."[3]

난징대학살은 세계에 보도되어 국제여론의 엄중한 비판을 받았습니다. 그 결과, 도쿄재판(극동국제군사재판)에서는 전시 국제법과 인도법에 반하는 잔학사건으로 다뤄졌습니다. 그만큼 국제사회에 알려졌으며, 입증 가능한 방대한 증거자료가 존재한다는 것입니다.

도쿄재판의 판결문에는 "난징과 그 주변에서 살해된 일반인과 포로의 총수는 20만 이상에 달했다"고 기록되어 있습니다.

---

3 시카고 데일리 뉴스(Chicago Daily News), 1937년 12월 15일,『난징사건 자료집』, 1992년, 아오키쇼텐(青木書店).

■ 중·일 공동연구에 의해 '학살 발생'이라고 결론

외무성은 "일본군의 난징입성(1937년) 이후, 비전투원 살해와 약탈 행위가 있었던 것은 부정할 수 없다"[4]고 공식적으로 인정하고 있습니다.

아베 총리는 제1차 아베 정권 시절 중국 측에 '중·일 역사 공동연구'를 제안하고, 두 나라 지식인 각 10명을 구성원으로 하는 위원회를 설립했습니다.[5]

공동연구 보고서(2010년 공표)는 "일본에 의한 포로, 패잔병, 편의대 및 일부 시민에 대한 집단적, 개별적 학살사건이 발생하고, 강간, 약탈과 방화도 빈번했다"고 결론지었습니다. 희생자 수에 대해서도 "일본 측 연구에서는 20만 명을 상한으로 4만 명, 2만 명 등 다양한 추계가 이루어지고 있다.

③ 역사교과서를 고쳐 쓰다
─2014년 아베 정권이 검정 기준 개악

자민당은 역사교과서에서 일본의 침략과 가해의 기술을 삭제·수정하기 위해, 교과서에 대한 온갖 공격을 벌여왔습니다. 아베 총리는 이 운동의 주축인 '일본의 전도와 역사교육을 생각하는 소장파 의원 모임'(교과서의련)의 구성(1997년)에 참가하고, 사무국장에 취임했습니다.

---

4 외무성 홈페이지, 「역사문제 Q&A」.
5 2006년 개시. 일본 측 좌장은 기타오카 신이치(北岡伸一) 도쿄대학교 교수(당시)

아베 정권은 2014년, 정부 주장을 교과서에 반영하기 위해, 문부과학성에 의한 교과서 검정 기준 개악을 자행했습니다.

그 뒤 교과서 검정에서는 난징학살의 희생자 수 기술에 대해 "통설적인 견해가 없다는 것이 명시되어 있지 않다"는 검정의견을 붙였고, 이에 어떤 교과서는 희생자 수 '20만 명'을 "엄청난 수"로 수정하는가 하면, 또 다른 교과서는 "인원수는 특정되어 있지 않다"고 가필하는 경우가 발생했습니다.

난징대학살을 부정하는 사람들은 그 수를 확정할 수 없다는 것을 악용, 은근슬쩍 학살 그 자체가 없었던 양 왜곡하고 있는 것입니다.

2017년 12월 10일자 일요판, 모토요시 마키(本吉眞希)

(2) 중국 난징 시에서 중·일 시민이 교류

■ 희생자 "원한을 말하기 위해서가 아니다"

1937년에 있었던 난징대학살로부터 80주년을 맞은 2017년 12월 13일, 중국 장쑤(江蘇)성 난징 시의 난징 민간 항일전쟁 박물관에서 집회가 열려, 중국과 일본 시민들의 교류를 심화하고, 다시는 전쟁이 일어나지 않도록 공동의 노력을 기울이는 일의 중요성에 관한 대화가 이루어졌습니다. 중국 측에서는 희생자 유족 등 난징 시민 7명, 일본 측에서는 중일 우호협회 아이치 현 연합회, 아시아·태평양 문화 포럼 등 네

개 단체의 협력으로 기획된 '평화와 우호의 여행' 27명이 참가했습니다.

니웬샤(倪文霞) 씨(80)는 아버지 니젠렌(倪伝仁) 씨와 함께 참가. 조모가 난징대학살에서 일본군에게 남편과 아들을 잃고, 어린 딸과 갓난아기였던 젠렌 씨를 키우며 경제적인 어려움에 시달려야 했던 경험을 이야기했습니다. "여기에 모인 것은 원한을 말하기 위해서가 아닙니다. 역사를 기억해서 더는 전쟁이 일어나지 않도록 노력하기 위해서예요. 옛날 고생했던 아버지도 지금은 평화 속에서 안정된 생활을 하고 계십니다. 전쟁은 필요 없어요. 세계평화를 바랍니다."

■ 일본 측 "하나라도 더 많은 사람들과 손을 잡고 싶다"

일본 측 단장인 이에다 오사무(家田修) 씨는 "우리 중에는 전쟁 체험자가 적지만 이야기를 듣자 느낌이 생생하게 전달되었습니다. 일본인으로서 사죄하고 싶습니다"고 목이 메며 사죄했습니다. 아울러 "여러분들을 일본으로 모시고, 또한 우리의 많은 동료들을 데리고 중국에 와 서로를 이해하며 알아가고 싶다"고 덧붙였습니다.

일본 측 참가자들이 가해의 역사를 반성하는 발언을 한 뒤에 "서로에 대해 이해하는 것이 중·일 우호로 이어진다"는 목소리가 높아졌습니다.

히로시마에 거주하는 여성은 중국의 둥베이지방에 배치되었던 아버지에 대해 이야기하며 "부친의 가해의 역사를 이어받은 저지만, 여러분의 체험을 들으니 하나라도 더 많은 사람들과 손을 잡고, 평화를 향해 나아가고 싶다"고 발언했습니다.

난징 민간 항일전쟁 박물관에서 교류하는 중일 시민=2017년 12월 13일, 중국 장쑤 성 난징 시, 쿠기마루 아키라(釘丸晶) 촬영.

난징 민간 항일전쟁 박물관 우시안빈(吳先斌) 관장은 "양국 사이에는 오해도 있다. 그렇기 때문에 우리들의 교류가 중요하며, 교류를 통해 자신의 가족과 주변 삶들에게 올바른 이야기를 전하는 일이 소중하다"고 말했습니다.

2017년 12월 15일자, 쿠기마루 아키라

2
|
"나는 성노예였다"
일본군 '위안부' 문제의 진실

(1) 우리의 괴로움을 들어라
— 한국 '위안부' 피해 할머니가 증언

"우리의 괴로움, 고통에 대해 듣고, 생각해 보기 바랍니다."

한국의 일본군 '위안부' 피해 할머니들이 일본에 와서 성노예로 고통을 받았던 체험을 증언했습니다. '위안부' 문제를 둘러싸고 한일 양국 정부의 이른바 '합의'가 이루어진 지 1개월. 피해자들의 입장은 어떨까요.

■ 수상은 성노예에 관한 사실을 인정하라

이번에 일본을 방문한, 서울 근교의 '나눔의 집'에서 생활하고 계신 이옥선(李玉善) 할머니(88)와 강일출(姜日出) 할머니(87) 두 분이 도쿄

기자회견에서 칼에 베인 상처가 남아 있는 오른쪽 팔을 들어 보이는 이옥선 할머니(오른쪽 끝)와 강일출 할머니(왼쪽), '나눔의 집' 안신권(安信權) 소장(왼쪽 끝)=2016년 1월 26일, 국회

와 오사카에서 진행된 기자회견과 집회에 참석하셨습니다. (2016년 1월 26~31일)

두 분은 모두 16세 때 일본의 식민지 지배하에 있던 조선으로부터 '만주'(중국 동북부)로 연행되셨습니다.

"'위안부'는 병사들에게 물건처럼 던져졌다"고 말씀하시는 이옥선 할머니. 일본군 위안소에서 하루 40~50명을 상대할 것을 강요받는 날도 있었고, 저항하면 어김없이 폭력이 가해졌습니다.

당시, 일본군은 이옥선 할머니의 눈앞에서 성행위를 거부한 14세 소녀를 죽였습니다. "우리는 눈물을 감추고 견딜 수밖에 없었다"는 이옥선 할머니. 길가에 버려진 시신은 들개에 뜯어 먹혀 유골조차 남지 않았다고 합니다.

강일출 할머니는 "위안부는 인간 취급을 받지 못했다"면서 모자를 벗고 몇 번이나 상흔을 가리키셨습니다. "아베(신조) 총리는 우리의 피해를 명확하게 인정하기 바란다. 우리 앞에 와서 제대로 사죄해야 한다"고 호소하셨습니다.

■ 문제의 본질 부정

아베 정권은 이번 합의에서 '군의 관여'를 인정했습니다. 그러나 아베 총리는 그 후 국회에서 "성노예라는 사실은 없다"고 답변(1월 18일, 참의원 예산위원회). 여성들이 군위안소에서 성노예 상태에 있었다는 '위안소' 문제의 본질을 부정했습니다.

이옥선 할머니는 "위안소가 너무 괴로워서, 거부하다 두드려 맞고, 살해당한 사람도 있다. 스스로 목숨을 끊은 아이도 셀 수 없다. 그것을 거짓말이라고 하는 게 얼마나 분하고 억울한지 아느냐"면서 분노의 눈물을 보이셨습니다.

두 분과 동행한 나눔의 집 안신권 소장은 "피해 할머니 개인의 인권과 청구권 문제에도 불구하고, 정부 사이에 멋대로 합의한 것을 할머니들은 대단히 유감스럽게 생각하고 계신다"고 언급하며, 또한 다음과 같이 강조했습니다.

"피해 할머니들이 구체적인 경험을 이야기하시는 것은 전시에 성폭력이 다시는 일어나지 않도록 하기 위해서입니다. 그러니 '군의 관여'라는 막연한 이야기가 아니라, 일본군이 위안소를 설치해서 관리 및 통제

하고, 여성들에게 성행위를 강요했다는, 인권을 유린한 문제라는 점을 일본정부가 공식적으로 인정하고, 사죄하기 바랍니다. 이것이 할머니들의 바람입니다."

■ 합의에 근거해서 진정한 해결을
—두 의원이 피해 할머니들과 간담회

강일출 할머니와 이옥선 할머니, 나눔의 집의 안신권 소장은 일본 공산당의 가사이 아키라(笠井亮) 중의원의원, 가미 도모코(紙智子) 참의원의원과 국회에서 간담회를 가졌습니다. (1월 26일)

두 할머니는 나눔의 집을 세 번 방문한 가사이 의원과의 재회를 기뻐하셨습니다. 가사이 의원은 피해 할머니들과 지원자 분들의 싸움이 이번 합의에서 아베 정권에게 최소한 "사죄와 반성", "책임을 통감하고 있다"는 말까지는 하게 만들었던 것에 대해 경의를 표했습니다.

또한 그 한편으로 합의 이후에도 자민당 의원에 의한 폭언과 이를 방치하는 정부, 게다가 합의가 이행된 것도 아닌데 '종지부를 찍었다'(1월 22일 중·참 양원 본회의에서의 시정방침 연설) 운운하는 아베 총리의 언동을 비판. "합의에 근거해 가해와 피해의 사실을 구체적으로 인정하고, 이를 반성하며 사죄하는 게 중요하다. 아베 정권이 이러한 입장에 설 수 있도록 더욱 노력할 것"이라고 말했습니다.

아울러 "오직 피해 할머니들의 명예와 존엄이 회복되고, 마음의 상처가 치유될 때 진정한 해결이 이루어질 수 있다"면서 아베 총리가 직접 나서서 사죄하고, 피해 할머니들이 납득하실 수 있도록 해드리는 것이 중요하다고 말하자, 강 할머니께서는 "바로 그것이 우리가 바라는 일" 이라고 답하셨습니다.

2016년 2월 7일자 일요판, 모토요시 마키

(2) 아시아 곳곳에 일본군 '위안소'

"일본정부에 정식으로 사죄와 배상, 정의와 진실의 구명 요구합니다." 일본군'위안부' 피해 할머니들이 아시아 4개국으로부터 일본을 방문, 도쿄와 오사카에서 증언하셨습니다. (2016년 11월 2~9일) 피해 여성이 모두 인간으로서의 명예와 존엄을 회복하는 것만이 진정한 해결입니다. 지금 우리에게 필요한 것은 무엇일까요.

① 진실의 구명, 정의의 회복을

일본정부는 1993년 고노 요헤이(河野洋平) 관방장관 담화를 발표하고 '구 일본군의 관여와 강제'를 인정하며 '사죄와 반성'을 표명했습니다. 담화는 "본인들의 의사에 반해 모집되어 … 위안소에서의 생활은 강제적인 상황으로, 고통스러운 것이었다"고 최초로 강제사역을 인정했습니다.

피해 여성들이 자신의 이름을 밝히며 나선 지 2년 뒤의 일이었습니다.

정부는 고노 담화에 즈음해서 "여성을 위한 아시아 평화 국민기금"(1995~2007년)을 설립(대상은 한국, 타이완, 필리핀, 네덜란드, 인도네시아)했습니다. 그리고 피해자에 대한 '보상금'은 민간의 모금을 기초자금으로 하고 있었습니다.

이러한 대응과 관련, '국가책임이 애매하다'면서 수취를 거부하는 피해 할머니들이 수없이 나왔습니다.

기금이 발족한 지 20년. 일본정부는 작년(2015년) 말 '한일합의'에서 다시 한 번 '군의 관여'를 인정하며 "책임을 통감하고 있다"고 표명했습니다. 한편, 피해 할머니들 사이에서는 "어째서 정부들끼리만 합의를 할 수 있느냐"면서 격렬한 반발의 목소리가 터져 나왔습니다.

이베 신조 총리는 국회에서 "합의에 의해 전쟁범죄에 해당하는 종류의 일을 인정한 것은 아니"라고 답변(1월 18일, 참의원 예산위원회)했고 스가 요시히데(菅義偉) 관방장관은 합의에 근거해 한국 측에서 설립한 '화해·치유재 단'에 10억 엔의 출자가 완료되면, "합의에 기초한 일본 측의 책임을 다하는 것"이라고 말했습니다. (8월 31일 기자회견)

정부는 "책임을 통감"한다면서 '위안부' 문제의 본질, 즉, 여성들이 군위안소에서 성노예 상태에 놓여졌다는 중대한 인권문제를 직시하려 하지 않고 있습니다.

정부는 UN 여성 차별 철폐 위원회 제출 문서(1월 29일자)에서, 아시아 여성 기금의 대상에서 벗어난 나라의 피해자들에게 보상할 "의사는 없다"고 회답했습니다.

위원회는 일본정부에 대한 최종소견(3월 7일)에서 "(한국 이외의) 피해

필리핀 에스텔리타 바스바뇨 디 씨(85)　동티모르 이네스 마젤란 곤살베스 씨(연령불명)　한국 이용수(李容洙) 씨(87)　인도네시아 틴다 렝게 씨(84)

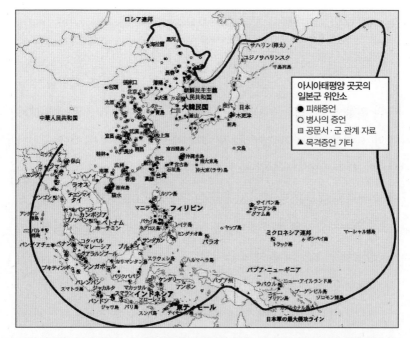

피해 여성과 구 일본군 병사, 군 관계자 및 현지 주민 등의 증언과 공문서, 군 관계자료, 부대일지, 전쟁 기록, 서적 및 재판기록과 같은 간행물을 바탕으로 일본군이 설치한 위안소(부대가 독자적으로 여성을 납치, 감금, 강간한 사례 포함)가 있었던 장소를 표시. 액티브 뮤지엄 '여성들의 전쟁과 평화자료관 (WAM)'의 '일본군 위안소 지도'를 바탕으로 작성

자들에게 국제인권법상의 책무를 다하고 있지 않다"면서 유감을 표명. 나아가 ①한·일 합의의 실시와 관련, 피해자들의 견해를 충분히 고려해, 진실·정의·피해회복에 대한 권리 보장, ②교과서 기재, ③공직자 책임 회피 발언 중지 등을 강력하게 요청했습니다.

피해자들은 진정한 해결을 위해, 일본정부에 '범죄사실과 책임의 인정', 이에 근거한 '변명 없는 사죄, 배상, 진상구명, 역사교육' 등을 요구하고 있습니다. (2014년 "일본정부에 대한 제언")

■ 피해 여성들의 국회 요청

"국회의원에게 직접 말을 전하고 싶다". 피해 여성들은 국회 요청에서 성노예의 실태와, 전후에도 차별과 편견으로 인해 사회생활의 기회 자체를 박탈당했던 괴로움을 토로했습니다. (11월 7일, 국회) 일본공산당의 시미즈 타다시(清水忠史) 중의원의원(당시)는 "전면적인 해결을 위해 정부에 공식적인 사죄와 배상, 침략전쟁과 식민지 지배에 대해 올바르게 전하는 역사교육 추진을 압박할 것"이라고 말했습니다.

※ '한일합의'의 일본 측 이행 내용(골자) = ①군의 관여 하에서 다수의 여성의 명예와 존엄에 심각한 상처를 입혔다. 일본정부는 책임을 통감하고 아베 총리는 진심어린 사죄와 반성의 마음을 가질 것을 표명한다. ②일본의 예산으로 모든 위안부 피해 할머니들의 마음의 상처를 치유할 수 있는 조치를 강구한다. ③이 발표로 문제의 최종적·불가역적인 해결을 확인한다.

② 4개국 '위안부' 피해 할머니들의 증언

■ 군도로 "목을 치겠다"

—틴다 렝게 씨(84), 인도네시아

제 어머니는 일본군이 경비를 서던 면직물공장에서 무급으로 일했습니다. 어머니가 병 때문에 일을 할 수 없게 되자, 일본군이 집에 와서 13세이던 저를 끌고 가서 기숙하며 일을 하게 했습니다.

어느 날 일본군 세 명이 저를 '오케다(オケダ)'라 불리던 군인의 숙소로 끌고 갔습니다. 옷을 벗기자 저항하는 제게 병사는 "머리를 치겠다"고 위협했습니다. 저는 오케다에게 강간을 당했습니다. 막사에서는 저를 끌고 온 3명의 병사들에게 윤간을 당했습니다. 당시 저는 아직 초경도 하지 않은 상태였습니다.

제가 잠을 자던 건물에는 세 개의 방이 있었는데, 방 하나에 30명 정도의 여자아이들과 같이 지내야 했습니다. 높은 철조망의 담장으로 둘러싸여 있었는데, 도망을 가려던 15세가량의 아이가 총에 맞아 죽는 일도 있었습니다.

오케다와 일본 병사들은 저항하는 아이가 있으면 인접한 면직물공장에서 모친을 불러내 눈앞에서 강간했습니다. 어떤 병보(兵補, 일본군의 보조부대로 동원된 인도네시아인)는 일본 병사로부터 "여동생을 취직시켜 줄 테니 데려오라"는 말을 들었습니다. 하지만 정작 여동생을 데려오자 오케다가 강간해버렸습니다. 그녀가 "왜 나한테 이렇게 참혹한 일을 당하게 했느냐"고 절규하자 오빠는 괴로운 나머지 그 자리에서 피스톨로 자신의 머리를 쏘아 자살했습니다.

저는 결국 일본이 종전하고 나서야 이 모든 상황에서 벗어날 수 있었습니다. 하지만 일본군에 연행되었던 아버지는 그동안 행방불명이 되었고 어머니는 이미 돌아가신 뒤였습니다. 주변 사람들이 저를 "더럽혀졌다"고 질타해서 끝내 고향에서 쫓겨날 수밖에 없었습니다.

저는 오늘날까지 과자를 만들어 파는 일을 해서 생계를 꾸려왔습니다. 하지만 이제는 한계에 다다랐습니다. 희망도 없습니다. 일본정부가 우리의 삶에 관심을 기울여, 모든 피해자들에게 배상하기 바랍니다.

■ 전기 고문 끝에 기절
—이용수 씨(84), 한국

저는 16세 때 일본군에 의해 타이완으로 연행되었습니다. 위안소의 방에서 도망치려 했던 저를 실컷 걷어차더니, 칼로 오른쪽 넓적다리를 그었습니다. 그리고 양손을 전화선 같은 것으로 묶더니 몸에 지지직하며 전류를 흘려, 저는 "엄마"라고 절규하며 의식을 잃었습니다.

우리는 25년간 서울의 일본대사관 앞에서 매주 수요일 시위를 하고 있습니다. '한일합의'는 당사자인 우리들이 전혀 몰랐던 내용이라 참으로 분하고 괴로워서 못 견디겠습니다. 우리는 돈을 원하는 게 아니라 정식 사죄와 법적 배상을 요구하고 있습니다.

과오를 되풀이하지 않기 위해서라도, 부디 다음 세대에게 올바른 역사관을 가르쳐주세요. 한국과 일본은 이웃나라입니다. 어서 해결하고 손을 마주잡는 날이 오기를 바랍니다.

■ 하룻밤 새 4, 5명 강간

―이네스 마젤란 곤살베스 씨, 동티모르

일본군은 우리를 도로건설이나 벌목현장 등에 끌어냈습니다. 저는 당시 13세 정도였습니다. 낮에는 노역을 하고 밤에는 위안소에 갇혀 하룻밤 4~5명의 일본군을 상대해야 했습니다.

저는 아직 생리도 시작하기 전이었습니다. 성기가 아파서 걸을 수조차 없을 때도 병사들을 상대하는 일을 거부할 수 없었습니다.

저는 임신을 해서 위안소에서 여자아이를 낳았습니다. 이 아이가 3개월이 되었을 즈음, 일본군이 어디론가 끌고 가 버렸습니다. 그때 그 아이가 어떻게 되었는지 일본정부는 답해주기 바랍니다. (연령 불명·첫 일본 방문)

■ 일본군이 주둔지로 연행

―에스텔리타 바스바뇨 디 씨(85), 필리핀

1944년 10월인가 11월쯤이었습니다. 시장에서 계란을 사고 있을 때 일본군이 게릴라용의자로 체포한 많은 필리핀인 남성들을 트럭에 태워왔습니다. 일본군은 그들을 우물 근처에 늘어세워놓고 참수했습니다.

저는 도망가던 도중 일본군에 붙잡혀 다른 여성과 함께 일본군 주둔지로 끌려갔습니다. 저는 연달아 병사들에게 강간을 당했습니다. 저항하면 머리를 책상에 짓이겼습니다. 저는 의식을 잃었습니다. 그 후 몇 명에게 강간을 당했는지조차 알 수 없습니다. 그런 일이 3주 동안 이어졌습니다.

일본정부는 당시의 전쟁범죄에 대해 모든 나라의 피해자들에게 책임을 져야 할 것입니다.

2016년 12월 4일자 일요판, 모토요시 마키

3

731부대와 사람들

(1) 731부대 의사, 전후 아무 반성 없이 요직으로

아베 신조 정권은 대학과 연구기관, 기업을 군사연구에 끌어들이려는 움직임을 강화하고 있습니다. 앞서 언급한 침략전쟁 당시 일본은 의학과 과학기술을 동원해서 세균무기와 화학무기를 개발·생산하고 실험에서 사용한 역사가 있습니다. 의학자들의 전쟁협력 실태를 살펴볼까요.

니시야마 카츠오(西山勝夫) 씨

■ **전시에 학계를 둘러싸고 벌어진 의학범죄**

'만주'(중국 동북부)에 주둔했던 구 일본 육군 731부대. 그 실태는 페스트균과 탄저균 등의 세균무기를 극비에 연구·개발하는 기관이었습니다. 데이터를 얻기 위해 중국과 소련의 포

[표1] 731부대에 관여한 주요 의학자·의사

당시	연구협력 내용	전후 맡은 직책
2대 부대장 A	유행성출혈열로 인체실험	녹십자 중역
병독연구반 반장 B	유행성출혈열로 인체실험	기타자토(北里) 연구소 병리부장
동상연구반 반장 C	동상 인체실험	교토부립의과대학 학장
도쿄제국대학 병의학부 교수 D	731부대에 의학자 파견	도쿄대학 의학부장, 일본의학회 회장, 일본 의사회 회장
교토제국대학 의학부장 E	731부대에 의학자 파견	초대 가나자와(金澤)대학 학상

731부대 이외의 주요 의학범죄

▶ 1936년 설치된 관동군 군마(軍馬) 방역창(신징·新京, 지금의 창춘·長春)에서는 가축뿐만이 아니라, 소련과 중국의 포로들에 대해서도 독극물 실험 등을 실시.

로들에게 인체실험을 반복했습니다.

인체실험에서는 포로의 손발을 얼린 후 관찰하는 '동상체험'과 물만 마시게 하는 '내구(耐久)실험' 등이 이루어졌습니다.

"731부대의 연구에는 교토대학과 도쿄대학 등 몇몇 대학과 연구기관에서 파견된 의학자들이 직접 관여했습니다."

사가의과대학의 니시야마 카츠오 명예교수는 말합니다. 그는 731부대를 중심으로 하는 '의학범죄'에 대해 검증작업을 거듭해오고 있습니다.

전시 중, 의학 범죄를 저지른 것은 731부대뿐만이 아닙니다. ([표1]

두 개의 연통이 남아 있는 731부대의 보일러실 유적=2017년 3월

참조) 니시야마 씨는 "의학계와 의료계 전체가 전쟁에 가담했다"고 지적합니다.

'일본의학회'(1902년 설립)는 전쟁 동원의 장이 되었습니다. 제10회 총회(1938년)에서는 내빈인 나치 독일군의 장교가 독가스에 관해 강연했습니다.

그 외 병리학과 세균학, 외과, 내과 등의 학회에서도 전쟁 관련 논문 발표가 늘어났습니다.

■ 인체실험에 근거해 학위 취득

731부대에 관여한 의학자들 가운데 전후 인체실험의 결과에 기초한 논문을 대학에 제출, 의학박사 학위를 수여받은 사람도 있었습니다.

니시야마 씨는 논문과 학위수여 기록 등을 조사, 1960년 까지 교토 대학이 적어도 731부대 주요 간부 23명에게 박사 학위를 주었다는 것을 밝혀냈습니다.

학위를 심사한 것은 수많은 대학 관계자를 부대에 보냈던 교수들, 그리고 그 수여를 인정한 것은 문부성(당시)이었습니다.

학위를 취득한 의학자들 가운데 페스트균에 감염되어 죽음에 이른 포로를 '원숭이'라고 속여 논문을 쓴 케이스도 있었습니다.

731부대에 관여한 의학자 등의 대다수가 전후, 그 죄과를 치르지 않고 각 대학의 의학부장 등 의학계의 중책을 맡았습니다. 그렇게 아무런 반성도 사죄도 없이[6] 오늘에 이르고 있는 것입니다.

니시야마 씨는 강조합니다. "논문을 게재한 학회와 학위를 수여한 대학, 문부과학성은 의학자와 의사가 악의 길에 가담했던 경위와 이유를 철저히 검증해야 합니다." 정부에 진상구명을 위해 관련 자료를 모두 제출해야 합니다.

■ 아베 정권의 군학공동(軍學共同) 추진

종전 직후, 일본정부와 군대는 책임추궁을 피하기 위해 731부대의 증거를 철저하게 은폐하려고 했습니다. 정부는 현재, 부대의 존재는 인정하면서도 인체실험 등 가해의 사실은 인정하지 않고 있습니다.

---

6 미국은 일본의 세균무기 연구의 전모를 입수하기 위해 731부대 상층부의 죄과를 면책했습니다.

아베 정권은 2015년도부터 대학과 공적 연구기관, 민간기업에 군사 기술의 연구를 위탁하는 '안전보장 기술 연구 추진제도'를 개시, 2017년도 예산에서는 전년도의 18배인 110억 엔이나 계상했습니다.

니시야마 씨는 힘주어 말합니다. "전쟁은 과학·기술, 의료마저 기형화시킵니다. 현재, 전쟁으로 이어지는 것은 하지 않는다는 윤리성에 대해 의문이 제기되고 있는 것입니다."

(2) 731부대에 근무했던 아버지, 포로에게 인체실험, 페스트균 강제 주입
—— 만년의 고백을 전하는 가미야 노리아키(神谷則明) 씨

부친이 일본군 731부대원이었다는 사실을 직시하며 강연활동을 이어가고 있는 전직 사립 고등학교 사회과 교사 가미야 노리아키 씨(67). 2012년 뇌출혈로 쓰러져 반신불수가 되었으나 필사적인 재활치료 끝에 강연활동을 재개, 지금까지 470회를 넘기고 있습니다.

휠체어에 타고 자료를 들어 보이며 강연을 하고 있는 가미야 노리아키 씨 2017년 9월, 야이즈 시

■ 《신문 아카하타》 기사를 잘라낸 아버지

가미야 씨는 9월, 시즈오카 현 야이즈(燒津) 시에서 회복 이후 20회째의 강연을 진행했습니다. 자택이 있는 나고야 시를 벗어난 것은 5년

만이었습니다.

　가미야 씨의 부친 미노루(實) 씨는 25세 때이던 1940년 '만주'(중국 동북부)에 주둔하던 관동군에 입대했습니다. 소속 부대는 인체실험과 세균전을 담당하던 731부대[7]였습니다. 관사에서 알게 된 남성의 여동생과 결혼하고 종전과 더불어 나고야로 돌아와 닭고기를 파는 가게를 운영했습니다.

　"끝까지 감춰라."

　이것이 마지막 부대장 명령이었습니다. 털어놓으면 헌병에게 사살될지 모른다는 공포 때문에 양친은 전후 과거에 대해 입을 다물었습니다. 그런 아버지가 731부대를 다룬 《신문 아카하타》 연재기사를 가족에게 보이지 않으려고 잘라낸 것은 1981년의 일이었습니다.

　■ 입을 다물다

　그 모습을 이상하게 여긴 가미야 씨. 그러나 자신의 아버지가 당사자일 것이라고는 상상조차 못하고 친구 중에 부대원이 있을 거라고 생각했습니다.

　어느 날 밤 731부대의 일에 대해 물어보자 아버지가 "사실은…" 하며 입을 열었습니다. 그러나 모친인 하루에(春衛) 씨가 "여보!" 하며 일갈했습니다. 입술에 손가락을 가져다 대는 어머니 앞에서 아버지는 입을 다물어버렸습니다.

7　부대장·이시이 시로(石井四郎) 군의중장.

다시 731부대의 일을 아버지에게 물어본 것은 어머니가 돌아가신 지 3년 후인 1989년이었습니다. 당시 가미야 씨가 담임을 맡고 있던 학급은 학교축제에 '전쟁'을 테마로 참가하고 있었습니다. 가미야 씨는 학생들에게 "아는 사람 중에 전 731부대원이 있다. 대신 질문을 해주겠다"고 약속했습니다.

'학생들을 위해서' 아버지에게 질문을 던진 가미야 씨. 하지만 여전이 입이 무거웠던 아버지의 이야기는 10분도 이어지지 않았습니다.

"모든 것을 가르쳐 주세요." 그렇게 말을 꺼낸 아들에게 아버지가 입을 연 것은 1994년, 천식 발작으로 쓰러졌을 때였습니다. 가미야 씨는 아버지의 증언을 메모지에 기록하다 종이가 모자라 전단지 뒷면에까지 글을 적었습니다.

— 중국과 소련의 포로를 '재료' 혹은 '마루타(丸太, 껍질 벗긴 통나무)'라 부르며 특설감옥에 수용. 페스트균에 감염시킨 벼룩을 시험관으로 집어넣어 포로의 팔에 맞혀 감염의 양상을 조사했다.

— 페스트 벼룩이 든 도제(陶製) 폭탄을 투하, 효과를 시험하는 야외실험에 참가했다. 장갑과 방호복을 착용하고, 실험장 말뚝에 묶인 포로에게 달라붙어 있는 벼룩의 수를 세었다.

— 1945년 8월 종전 직전, 소련군이 밀려오는 가운데 독가스로 살해한 포로의 시신을 감방 밖의 철제 격자 위에 나란히 늘어놓고 불을 지폈다.

■ 가슴 메이는 일

부친이 한 번 밖에 말하지 않았던 체험이 있습니다. 중국인 포로의 모친과 조모가 3~4세 여아를 죽이지 말아 달라고 애원했을 때의 일입니다.

부친은 '어떻게든 해주고 싶다'고 생각했다고 합니다. 그러나 군대는 사사로운 감정을 용납하지 않습니다. "부탁해보겠다"고 대답하는 것이 할 수 있는 일의 전부였습니다.

"그렇게 대답한 게 잘한 일인지 어떤지…." 아버지는 괴로운 속내를 50년 넘는 세월이 지난 후에야 털어놓았습니다.

가미야 씨는 말합니다. "아버지의 인생에서 가장 가슴 메이고, 말하기 힘든 일이었겠지요. 그래도 그냥 입을 다문 채 죽고 싶지는 않았던 것일까요."

1995년, 아버지는 "더 무서울 것도 없다"면서 실명으로 언론보도에 응했습니다. 천식이 악화되어 있던 상황에서 이미 죽음을 예상하고 있었을지도 모릅니다. 가미야 씨는 말렸지만 아버지는 "진실을 말하겠다는 사람이 가명을 쓰면 어떻게 하느냐"면서 멈추지 않았습니다.

당시까지 그 일에 대해 '지인의 증언'이라고만 언급해 왔던 가미야 씨. "내게는 아버지가 끔찍한 짓을 했다고 털어놓을 용기가 없었던 것"이라고 합니다. 그러나 부친의 비장한 결의를 보면서 이후부터는 정확하게 '아버지의 증언'이라고 말하게 되었습니다. 전쟁 이전부터 종전 이전까지 정부의 통제 하에 있던 교육과 전쟁에 가담했던 언론. 부친은 종종 "이 두 가지 때문에 우리는 전쟁터로 향하게 되었다"고 말했습니다.

그 아버지가 1997년 82세를 일기로 타계하기 직전에 다음과 같은 말을 남겼다고 합니다.

"머잖아 일본도 미국이 벌인 전쟁에 협력하는 형태로 참가하게 될 거다. 그러기 위해서는 헌법을 고쳐야할 필요가 있지. 너는 사회과 교사다. 아이들에게 진실을 알려줘야 해."

가미야 씨는 말입니다.

"군화소리가 다가오는 요즈음, 아버지로부터 전해들은 731부대의 실상을 조금이라도 많은 사람들에게 전하고 싶습니다. 이를 통해 헌법 9조야말로 진정 평화로 가는 길임을 깨닫기 바랍니다."

2017년 11월 5일자 일요판, 모토요시 마키

4

|

중국을 침략하며
무슨 일을 저질렀나?

(1) 중국 펑딩(平頂)산 사건 85주년
— 침략 초기 일본군, 주민 3천 명 학살

일본군이 벌인 잔학행위의 원점이라 할 수 있는 펑딩산 사건을 알고 계십니까? 일본의 중국침략의 발단이 된 루거우차오 사건이 있은 지 1년 뒤인 1932년 9월, 일본군은 중국 랴오닝(遼寧)성 푸순(撫順) 시 펑딩산에서 3,000명도 넘는 사람들이 남녀 구분도 없이 학살당했습니다. 사건이 있은 지 85년, 생존자들이 모두 사망한 가운데 그 유족들이 일본 정부에 사죄와 진실구명을 요구하고 나섰습니다.

① 갑자기 '사진기'가 불을 뿜었다

—부모님과 남동생 모두 기관총 소사에 희생

■ 고 왕지메이(王質梅) 씨(당시 11세)

평딩산의 학살현장에는 일본군에게 희생된 주민들의 유골이 그대로 보존되어 있습니다.

"이곳에 오니 어머니가 생각납니다. 어머니는 제게 당시의 경험을 말씀하시면서 눈물을 펑펑 흘리셨어요."

푸순 시 주최의 평딩산 사건 제85주년 추도식에 참가한 유족 장잉푸(張英夫) 씨(67)는 말합니다.

어머니 왕지메이 씨(2013년 작고)는 2008년 일본 방문 당시 "사람이 사람을 죽이고, 사람이 사람에게 죽임을 당하는 전쟁 따위, 아무 의미도 없다"고 호소하셨습니다.

당시 왕 씨의 나이는 11세. 양친과 남동생은 1932년 9월 16일, 일본군에게 살해당했습니다.

같은 날 오전 9시인가 10시 경, 일본군을 태운 트럭이 평딩산의 집락에 들이닥쳤습니다. 병사들은 총검으로 주민들을 위협하면서 "사진을 찍는다"고 속여 집에서 끌고 나왔습니다.

■ 고 양바오샨(楊宝山) 씨(당시 9세)

일본군 손에 양친과 동생을 잃은 양바오샨 씨(2012년 작고)는 당시 9살. 첫 사진촬영이 "기뻐서 부모님의 손을 잡아끌고 갔다"고 증언합니다.

주민 약 3,000명이 벼랑 아래 평지에 모였습니다. 거기에는 검은 천을 뒤집어씌운 물건이 몇 개나 놓여 있었습니다. 양 씨는 그것이 사진기일 거라고 생각했습니다.

일본군이 마을에 불을 지르자 연기가 피어올랐습니다. 그것을 본 주민들이 술렁이기 시작하자 검은 천이 벗겨지고 기관총이 모습을 드러냈습니다. 일본군 하나가 칼을 휘두르자 '다다다다닷!' 주민들을 향하고 있던 기관총이 일제히 불을 뿜고 총성과 비명소리가 그 자리를 메웠습니다.

양 씨의 모친은 양 씨를 자신의 몸 아래 숨기기 위해 밀어 넘어뜨렸습니다. 내가 엄마의 가슴 아래서 "어머니!"하며 절규하자, 어머니는 "그래, 그래" 하면서 대답해주셨습니다. 바로 그 순간 두 번째의 기관총 소사가 시작되었습니다. 어머니 몸에서 뭔가가 떨어져 내 얼굴을 적시고 입으로 흘러들어왔습니다. 짠 맛 때문에 그것이 피라는 걸 알 수 있었지요.

당시, 양 씨도 깊이 상처를 입었지만 결국 어머니로 인해 목숨을 건질 수는 있었습니다.

일본군은 아직 숨이 붙어 있는 사람들을 총검으로 찔러 죽였습니다. 다른 피해자의 증언에 따르면, 유아를 총검으로 찌르고 그대로 들어 올려 내던져버리는 병사도 있었다고 합니다. 그 후 가솔린을 끼얹어 시체를 태우고, 다시 다이너마이트로 벼랑을 폭파해 무너져 내리는 토사 속에 감춰버렸습니다.

② 시민 살해는 국제법 위반
―일본정부는 사건 부정

일본군은 왜 펑딩산 주민들을 학살했을까요.

사건이 있기 전날 밤, 탄광의 가까이의 펑딩산 주민들이 의용군과 연락하고 있다고 단정, 학살을 실행한 것입니다. 시민과 포로의 살해는 국제법 위반입니다. 하지만 일본정부는 현재까지 학살 사실을 부정하고

유골관 내에 겹겹이 쌓여있는 유골,
2017년 9월 푸순 시

있습니다.

유골은 1970년 중국 정부가 발굴, 보존·공개를 위해 평딩산 참안 유적 기념관(平頂山慘案遺址紀念館)을 지었습니다. 유골은 마치 몸을 맞대 듯이 겹쳐 있습니다. 몸을 던져 가족을 지키려 했던 아버지와 어머니, 태아와 함께 목숨을 빼앗긴 임신부.

양 씨는 "말 없는 저 유골들 속에 육친이 계신 걸 생각하면 하염없이 눈물이 흐른다"면서 자신이 원고였던 재판에서 말했습니다. (2005년 도쿄고등재판소) 그리고 "유골관에 와서 자신의 눈으로 백골을 확인해보기 바란다"고 호소했습니다.

③ 부모들의 명예·존엄 회복을
—유족의 사실 인정과 사죄 요구

1996년, 양바오산 씨 등 3명의 생존자가 일본정부에 사죄를 요구하며 소송을 제기했습니다.

도쿄지방재판소와 고등재판소는 학살의 사실을 인정했습니다. 그러나 당시는 국가배상법이 없어서 정부가 위법한 공권력 행사로 손해를 입혔다 해도 책임을 지지 않는다고 단언, 양쪽 모두 원고의 청구를 기각했습니다.

또한 최고재판소도 상고를 기각(2006년)했지만 그 뒤에도 일본의 변호인단, 지원자 등은 평딩산을 찾아가 피해자 및 유족과 교류하며 현지조사를 거듭해 왔습니다.

1951년 폭파된 벼랑 위 언덕에 세워진 '핑딩산 순난(殉難) 동포 기념비', 2017년 9월 푸순 시

부친이 원고였던 모린이(莫林義) 씨(70)는 "여러분의 지원이 없었으면 소송이 불가능했을 것"이라고 회상했습니다. 재판 종료 후, 원고와 다른 피해자들은 해결을 위한 세 가지 요구사항을 일본정부에 전달했습니다.

원고 양 씨의 사위 유츄안리(劉伝利) 씨(71)는 결의합니다.

"장인어른을 비롯한 희생자분들의 명예와 존엄을 회복하기 위해, 해결 요구 사항에 대해 계속 호소하고 있습니다. 일본이 우익적 언동을 삼가고, 역사를 직시해 주기 바랍니다."

올해(2017년) 3월, 사건의 마지막 생존자였던 양유펜(楊玉芬) 씨(당시 7세)가 돌아가셨습니다. 2010년 일본에 오셨을 당시 "일본정부는 사실을 인정하고, 사죄하기 바란다"고 호소하셨던 분입니다. 차남 장유치(張毓琦) 씨(60)는 "반드시 이긴다. 마지막까지 싸울 것"이라고 말했습니다.

※ 일본정부에 대한 피해자들의 해결 요구 사항 : ①사실과 책임을 인정, 생존자와 유족에게 공식적으로 사죄 ②사죄의 비 건립, 능원 설치 조성

③비극을 반복하지 않기 위해 사실을 구명하고 교훈을 후세에 전할 것.

■ '기억의 계승' 중일 공동으로
─평딩산 사건 소송 변호인단 변호사 가와카미 시로(川上詩郎) 씨

어느새 사건의 생존자들이 모두 돌아가심에 따라, 직접 체험을 듣는 일이 불가능해져 버렸습니다. 그런 상황 속에서 어떻게 평딩산 사건을 계승할 것인지가 시급한 과제로 떠올랐습니다. '기억의 계승'을 위해 중일 공동의 구체적인 노력이 요구되고 있는 것입니다.

해결 요구사항의 실현은 일본이 역사의 진실에 성실하게 마주하고 있다는 증거가 되어주기도 합니다. 그에 따라 중일의 신뢰관계가 강화될 수 있습니다. 또한 이는 두 나라가 평화적으로 발전하는 기초가 될 것입니다.

아베 신조 총리는 헌법 '개정'을 적극적으로 추진할 생각을 내비치고 있습니다.

헌법의 평화주의는 히로시마 · 나가사키의 원폭 등의 피해와 일본의 가해의 역사가 명확하게 존재하는 가운데, 70년에 걸쳐 유지되어왔습니다.

오늘날에 일어날 전쟁의 양상은 핵전쟁입니다. 중요한 것은 피해와 가해의 실태를 직시하고 전쟁의 리얼리티에 근거한 형태로 평화의 본원적 상태에 대해 논의하는 일이라 하겠습니다.

2017년 11월 12일자 일요판, 모토요시 마키

(2) 루거우차오 사건 80주년과 아베 정권
― 왜 중·일 전면전의 수렁으로 빠져 들어갔나?

2017년 7월 7일은 루거우차오 사건 80주년입니다. 이 사건이 발단이 되어 일본은 중국 전역에서 중국과의 전면전쟁으로 치닫게 됩니다. 오늘날 아베 신조 정권이 비밀보호법, 전쟁법(안보법제)에 등에 이어 사상·양심을 관리하는 공모죄를 강행·성립시킴에 따라 '전전(戰前) 회귀'의 위험성을 느끼는 시민들이 적지 않습니다. 오늘날까지 이어지는 중일전쟁의 진상을 살펴보겠습니다.

① 군부의 강권체제와 '중국 일격론'
―침략확대파가 주도

1937년 7월 7일 오후 10시 40분경, 베이징(당시는 베이핑) 근교의 융딩허(永定河)의 루거우차오 부근에서 울린 총성은 그 뒤 8년에 걸친, 중일 두 나라 간 전쟁의 시작이었습니다. 당시, 다리의 옆에는 베이징을 지키던 중국군 주둔지가 있었는데, 바로 옆 강가의 일본 주둔군이 야간 훈련을 하고 있었습니다. 사건 그 자체는 우발적으로 발생했습니다. 국지적 사건으로 현지 주둔군 사이에 정전협정이 성립되는 것으로 마무리되었습니다.

하지만 육군은 약 10만 명의 대병력을 베이징 등 화베이(華北)로 파견하기로 결정. 고노에 후미마로(近衛文麿) 내각도 '무력 항일 의심의 여지없다'는 성명을 내고 이를 승인, 국무회의에서 화베이 파병을 결정했습니다.

이 배경에는 한 해 전 벌어진 2·26사건으로 군부 강권 체제의 실권을 쥔 육군참모본부에서 무토 아키라(武藤章, A급 전범, 도쿄재판에서 사형) 등이 '화베이 분리 공작'이라는 현안을 단숨에 해결할 수 있도록, 일견 용감해 보이는 '중국 일격론'을 주장하면서 세력을 늘려, 구 '만주'(중국 동북부)를 중시하는 불확대론(不擴大論)을 억누르는 사태가 있었습니다.

'화베이(華北) 분리'란 국민당 정부의 지배로부터 화베이 5성을 분리하는 것이 목적이었습니다. 일본군은 7월 말까지 베이징을 점령. 이에 중국 측은 화베이가 '제2의 만주'가 될 것을 우려, 일본의 침략에 대한 위기감이 강화되었습니다.

중일전쟁 전문인 가사하라 도쿠시(笠原十九司) 쓰루(都留)문과대학 교수(중일관계사)는 이렇게 말합니다.

"전쟁이란 갑자기 시작되는 게 아니라, 전쟁으로 진행되는 '전사(前史)'가 존재하기 마련이다. 이것이 급기야 전쟁 발발, 개시의 '전야' 단계에 이름으로 해서, 군의 모략이나 우발적인 사건에 의해서도 간단히 전쟁에 돌입하게 되는 것이다. 루거우차오 사건을 발단으로 하는 중일

전쟁의 확대는 그 전형이다."

가사하라 교수는 그 '전사'로서 치안유지법을 듭니다. 1925년에 성립되어 1928년 사형법이 된 희대의 악법과 특별고등경찰을 통해 당시 일본정부는 일본공산당원을 비롯한 자유주의자, 종교인 등 전쟁 반대와 자유를 요구하는 사람들을 철저하게 탄압했던 것입니다. "사상·양심의 자유를 단속한다는 점에서 아베 내각의 공모죄와도 판박이입니다."

여기에 2·26 사건으로 천황의 통수권으로 보호되는 군대에 대해 어떤 비판도 용납하지 않는 강권체제가 성립되었습니다. "육군은 화베이 주둔군을 약 1,700명에서 5,700명으로 증강하고, 베이징 주변에서 군사훈련을 공공연히 진행했습니다. 루거우차오 사건은 이미 예정된 일이었지요."

※ 2·26 사건-1936년 2월 26일 이른 아침, 육군 내의 파벌·황도파(皇道派)의 청년장교들이 1,400명의 병력을 이끌고 '쇼와(昭和)유신'을 내걸어 재무·내무대신 등을 살해, 나카타초(永田町) 일대를 점령하고 쿠데타를 시도한 사건. 천황의 명령으로 진압된 17명에게 사형이 집행되었고, 이 사건의 결과 군부의 강권정치체제가 확립되었습니다.

② 해군의 '난징 도양(渡洋) 폭격'
—대학살의 전주곡

전쟁의 기운이 고조되는 가운데 불씨가 화중으로 번졌습니다. 화중

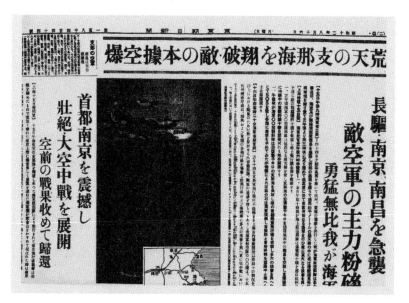

난징 도양 폭격을 대대적으로 보도한 《도쿄아사히신문》 1937년 8월 16일자

에는 상하이와 국민당 정부의 수도·난징이 있고 구미열강도 진출해 있었습니다.

비밀리에 전개된 화평교섭으로 '청일정전(淸日停戰)'이 실현되는 것을 우려한 것이 일본의 해군입니다. 해군은 야마모토 이소로쿠(山本五十六)의 주도로 이미 중국 본토에 도달하는 중형폭격기(96식 육상공격기)를 완성한 뒤, 중국의 도시를 폭격할 태세를 취하고 있었습니다.

이러한 상황에서 화평교섭을 날려버린 것이 오야마(大山) 사건입니다.

8월 9일 저녁, 상하이 특별육전대의 오야마 이사오(大山勇夫) 중위가 탑승한 차가 중국 보안대가 겹겹이 경계선을 쳐놓은 비행장 주변에 돌입, 오야마 중위 자신과 운전수가 사살되는 사건이 일어납니다. 가사하라는 "당시 정보 수집 중이었다고 보도되었지만, 그게 아니라 오야마가 죽기로 결심하고 단행한 해군의 모략사건이었다"고 지적합니다.[1]

당시 신문은 "오야마 중위 사살되다. 적탄 집중, 무참한 최후"(《요미우리신문》), "악역무도(惡逆無道), 보안대의 폭상(暴狀)"(《도쿄일일신문》) 이라며 대대적으로 보도했습니다. 현지 해군의 의도대로 일본 국내의 여론이 격화되고, 급기야 "폭지응징(暴支膺懲: 포악한 중국을 응징하자)" 운운하는 여론이 터져 나와 중일전쟁의 슬로건으로 자리 잡았습니다. 8월 13일 해군육전대와 중국군이 충돌, '제2차 상하이사변'이 개시되어 화베이의 전투는 상하이로 확대되었습니다.

해군항공대는 8월 15일, 나가사키의 오무라(大村)와 식민지 상태이던 타이완에서 중형폭격기를 이륙시켜, 선전포고도 하지 않고 중국의 수도 난징을 폭격('난징 도양 폭격')하고 9월이 되자 상하이에서 11차에 걸쳐 난징 공습을 감행했습니다. 격추를 우려해 3천 미터 고고도에서 폭격과 야간공습을 진행한 까닭에 오폭에 의한 민간의 희생도 컸습니다. 난징대학살의 전주곡이었던 것입니다.

국민당 정부 주석이던 장제스(蔣介石)는 "일본 침략자를 몰라내겠다"고 발표. 이를 위해 중국공산당과의 '국공합작'을 결행하고 격렬히 항전했습니다. '상하이사변' 3개월 만에 일본의 전사자는 9천여 명에 이르게 됩니다.

8　가사하라 도쿠시 저, 『해군의 중일전쟁』, 헤이본샤(平凡社). 2015.

고노에 내각은 국제적 비난을 피하기 위해 전쟁을 '사변'이라고 바꿔 말하면서 '북지(北支)사변'을 중국 전역을 가리키는 '지나사변'으로 개칭했습니다. 육군은 '상하이파견군'[9]을 파병하고 이 파견군이 12월에 난징을 점령, 약 20만 명으로 추정되는 포로·비전투원의 살해와 약탈·방화·폭행 등의 만행을 저지르게 됩니다.

③ '전과(戰果)·미담'을 꾸며낸 정부·미디어
─국민에 대한 선전·선동

해군성은 이 만행을 "세계항공전사상 미증유의 도양폭격"이라고 선전했습니다. 신문미디어도 "우리 해군기 장구(長驅) / 난징 공군 근거지 폭격 / 적에게 막대한 손해를 입히다"(《도쿄아사히신문》 8월 15일 호외) 등 센세이셔널하게 보도했습니다. 하지만 실제로는 중국군기와 대공포의 반격으로 20기, 약 60명이 희생되었습니다.

도양폭격은 소년들을 대상으로 한 군국미담으로도 조작되어 "해륙(海陸)의 거센 독수리·대활약의 해군항공대" 등 소년들의 '동경'을 부채질했습니다.

국민들 사이에 군용기를 헌납하자는 운동을 일으키기 위해 각 신문사는 경쟁적으로 '은익헌금(銀翼獻金)'을 선전, 정부의 임시군사비의 진수성찬으로도 이어졌습니다. 가사하라 씨는 말합니다. "중일전쟁의

---

9   마쓰이 이와네(松井石根) 사령관, A급 전범으로 사형.

전면화는 일본의 '자멸 시나리오'의 시작이었습니다. 난징대학살 사건을 일으키고, 중국의 오지까지 전선을 넓히면서 진흙탕으로 빠져들어 갔습니다. 군부가 할 수 없는 외교에 의한 해결이 필요했던 시기에 이를 담당해야할 정치가 실종되었던 것입니다. 군사대결을 부채질하는 외교부재의 아베 정치와 똑 닮았지요. 젊은이 여러분은 부디 이런 역사의 진실, 교훈을 확실히 공부해두시기를 염원합니다."

2017년 7월 7일자, 야마자와 타케시(山澤猛)

(3) 충칭(重慶) 무차별 폭격 7년
— 중국에서 일본군이 시작한 '전의 상실 작전'

중일전쟁 중이던 1937년 12월, 중국 난징을 침공한 일본군. 충칭시와 쓰촨(四川) 성 내 도시들에 대한 집중적인 무차별 폭격이 이뤄졌습니다. 6년 10월에 달하는 무차별 폭격으로 사상자는 최소 4만 명을 넘었습니다. 피해자의 증언을 통해 그 실태를 살펴보겠습니다.

① '병력과 날씨가 허락하는 한', '밤낮에 걸쳐' 공격명령

충칭 대폭격은 1938년 2월 18일 비행장 폭격으로 시작되었습니다. 충칭 시는 당시, 저항 정권의 임시수도였습니다. 국민당(장제스)와

72

공산당(저우언라이)의 '국공합작 정권'은 상하이, 난징, 무한에서 일본군과의 지상전에서 패퇴하여 충칭으로 거점을 옮겨 일본군과 대치했습니다.

충칭은 장강 상류의 산과 계곡이 많은 험준한 지형입니다. 따라서 지상에서 공격이 불가능했기 때문에 육·해군 항공부대가 하늘에서 폭격을 한 것입니다.

일본군에 의한 폭격 이후의 충칭 시가지
『충칭 대폭격 연구』, 판슌(潘洵) 저, 슈용(徐勇)·하타노 스미오(波多野澄雄) 감수, 리우잉우(柳英武) 역, 이와나미쇼텐(岩波書店) 수록. 출전은 판슌, 『항일전쟁시기 충칭 대폭격 연구』

폭격의 목적은 적의 전략과 정권의 중추를 폭격함으로써 '적의 계전의지를 좌절시키는' 것이었습니다. (천황이 재가한 '대륙명령 제241호' 1938년 12월 2일자에 근거해 제시)

특히 격렬한 폭격이 이루어진 것은 1939년에서 1941년까지의 3년간. 그 시작은 1939년 5월 2일과 4일이었습니다. 일본군이 대량의 소이탄을 투하해 목조건축이 많던 충칭의 거리는 화염에 휩싸였습니다. 최초의 연구에 따르면 2일 간 사망자가 4572명, 부상자는 3637명에 이르렀다고 합니다.[10]

■ 두 살 때의 상처, 지금도 고통에 시달려
— 지안츄안비(簡全碧) 씨(78)

지안츄안비 씨는 5월 4일 부모님과 함께 친척 집으로 피신했기 때문에 화를 면했습니다. 그러나 집이 부서져 임신 중이던 어머니는 심리적으로 불안정한 상태가 되고 말았습니다. 가족은 충칭 중심부에 있는 할머니 댁으로 거처를 옮겼으나, 공습 때마다 방공호로 대피해야·했습니다.

일본군은 이듬해인 1940년 '101호 작전'을 실행했습니다. 육·해군 항공부대는 병력과 날씨가 허락하는 한 연일 공격을 속행, 극력, 주야에 걸친 연속 공격을 실시하기로 합의했습니다.

이 작전이 한창이던 8월 19일. 지안 씨의 부친은 공격경보가 울리

---

10 판슈, 앞의 책.

자 몸 상태가 좋지 않던 어머니와 젖먹이였던 여동생을 데리고 방공호로 피난했습니다. 할머니가 조금 늦게 당시 두 살이던 지안 씨를 안고 방공호로 향하고 있을 때, 폭탄이 할머니 집을 직격해서 할머니는 무너지는 벽에 깔려 돌아가셨습니다. 할머니의 몸 아래 있던 지안 씨도 배꼽 오른쪽 윗부분이 파편에 찔렸습니다. 그래서 지금도 4센티 정도의 상처가 남아 있습니다. "날씨가 나쁜 날은 상처가 쑤신다"고 합니다.

공습에 관한 악몽도 꿉니다.

"맨 처음 보이는 건 어둡고 숨 막히는 방공호 속에서 제가 울면서 어머니를 부르다 어른들에게 꾸중을 듣는 장면입니다. 다른 하나는 제가 병원에서 치료를 받고 있는 장면이에요. 고통이 되살아나 무의식중에 소리를 지를 때도 있습니다. 무차별 폭격으로 인한 고통과 공포가 아직도 사라지지 않아요."

■ 머리에 박혀 있는 파편, 혀를 깨물며 참는다

─ 첸구이팡(陳桂芳) 씨(84)

첸구이팡 씨도 머리 부분에 파편이 남아 있습니다. 1939년 8월 4일, 피난 가 있던 곳에 폭탄이 떨어져, 그 이튿날 양친이 돌아가셨습니다. 당시 7세이던 첸 씨는 머리와 오른팔에 중상을 입었습니다.

비오는 날이면 통증이 심해지기 때문에 혀를 깨물면서 참아야만 합니다. "70년 이상, 대폭격으로 신체적, 정신적 고통을 겪어왔다"고 호소합니다.

■ 방공호에서 두 여동생이 질식사

─리유안쿠에이(栗遠奎) 씨(83)

리유안쿠에이 씨는 1941년 6월 5일, 일가가 피난해 있던 방공호에서 당시 8살, 10살이던 여동생 둘을 잃었습니다. 이 방공호에서 적게 잡아도 천 명 이상의 주민이 질식사했다고 전해집니다. 중국에서는 '6·5 터널 대참사'으로 기억되고 있습니다.

그 해, 일본군은 '102호 작전'을 실행, 7월에 5일간의 연속폭격(야간폭격 2회), 8월에 7일간의 연속폭격(야간폭격 6회)를 감행했습니다.

야간폭격을 했던 비호로(美幌) 해군항공대는 8월 13일 "야간에 적의 수도로 진입, 시민의 간담을 서늘케 하는 심대한 성과를 올렸다"고 전투상보에 기록되어 있습니다. 매일 밤 폭격 때문에 겁에 질려 방공호로 몰려갈 수밖에 없었던 시민들은 이것을 '피로폭격'이라 불렀습니다.

1941년 9월 이후 일본군 항공부대는 미군과의 전투에 대비해 철수합니다. 하지만 쓰촨성의 도시들에 대한 산발적인 공습은 12월까지 계속 이어졌습니다. 판슌 시난(西南)대학 역사문화학원 교수에 따르면, 충칭 대폭격의 사상자수는 4만 1,873명에 달하며, 아직도 조사중입니다. 판교수는 이 수치도 "가장 적게 잡은 것"이라고 합니다. 충칭 대폭격 소송의 피해자 변호인단이 추정하는 사상자 수는 10만입니다.

■ 피해자와 유족 188명, 사죄와 배상을 요구하며 제소

충칭 대폭격의 피해자와 유족 188명은 2006년부터 2009년까지 4차에 걸쳐 일본정부에 사죄와 배상을 요구하며 소송을 제기했습니다.

도쿄지방재판소 판결(2015년)은 메이지헌법 하에 있던 나라의 불법행위에는 책임을 물을 수 없다는 '국가 책임 면제의 법리'를 들어 원고의 청구를 받아들이지 않았습니다.

판결은 폭격 사실은 인정했지만, 폭격의 '침략성', '잔학성', '국제법 위반성'을 인정하지는 않았습니다.

공소인인 리 씨는 도쿄고등재판소의 제1회 구두변론(2016년 11월)에서 일본정부가 위의 세 가지를 인정해야 한다고 주장합니다. "사회와 배상이 인정되어야 비로소 충칭 대폭격의 피해자들에게 정의가 실현되는 것"이라 호소했습니다. 그러나 도쿄고등재판소는 도쿄지방재판소의 판결을 지지하며 원고 측 청구를 기각(2017년). 원고 측은 판결 다음날 최고재판소에 상고했습니다.

② '하늘에서 몰살시킨다'는 전략 사상
─군사 저널리스트 마에다 데쓰오(前田哲男) 씨

충칭폭격은 '전략폭격'이라는 말로 대표되는, 다시 말해 '하늘에서 몰살시킨다'는 전략 사상에서 비롯되었습니다.

첫 번째 특징은 도시 그 자체를 공격대상으로 하는 무차별성입니다. 두 번째는 공군력만으로 상대를 공격한다는 것, 세 번째는 적의 전의를 상실시키기 위해 소이탄을 주로 사용해 민가를 태워버리는 것입니다.

이 세 가지 특징은 나치독일 공군의 스페인 게르니카 폭격(1937년

4월)에도 어느 정도 나타나고 있습니다. 그리고 일본군의 충칭 폭격을 통해 완전한 형태를 갖추게 된 것입니다.

미군은 이를 모방해 제2차 세계대전 말 도쿄를 비롯한 일본의 도시들을 폭격했는데, 그 정점에 있었던 것이 히로시마·나가사키 원폭 투하입니다.

이후에도 한국전쟁과 베트남전쟁, 걸프전쟁, 아프가니스탄 공격, 이라크 공격 지금의 알레포(시리아) 등에서 '하늘에서 몰살시킨다'는 전략 사상이 그 생명력을 이어가고 있습니다. 미군은 '정밀유도폭격'이라지만, 실상은 병원이나 결혼식장 등에 오폭이 이루어졌을 뿐입니다.

충칭을 하나의 시작점으로 하는 무차별 폭격은 시각적 판단이 철저히 배제되어 있는 전법입니다. 상공에서 폭탄을 투하하는 병사에게는 고통에 일그러진 지상의 얼굴들이 보이지 않습니다. 도와달라는 절규도 듣지 못하고 사람이 타는 냄새조차 전해지지 않습니다.

충칭과 같은 시기에 일어난 난징 학살에서는 병사들에게 평생 떨쳐내지 못하는 광경, 손의 감각, 그리고 냄새를 남겼습니다. 그러나 공중에서 가해지는 폭격에는 그런 감각이 남지 않습니다. 사람을 살해한다는 실감이 나지 않는 것입니다.

우리 일본인은 공습의 가해자이며 피해자였던 양면을 가지고 있습니다. 미군에 의한 공습과 원폭 투하로 공전절후(空前絶後)의 체험을 했지만, 그 이전에는 중국에 무차별 폭격을 자행해 무고한 시민을 살상했던 것입니다. 일본의 피해자들과 마찬가지로 중국의 피해자들에게 있어서도 그 기억은 아직까지 선명합니다.

우리는 공습과 원폭투하를 기억하는 동시에, 그에 이르는 길이었던 충칭 대폭격 또한 반드시 기억해야 하겠습니다.

2017년 2월 19일자 일요판, 모토요시 마키

(4) 일본군이 유기한 독가스 피해는 아직도

① 중국에 최소 70만에서 최대 200만 발 유기
―일본 시민·의사가 구제 기금을 설립

아시아태평양 전쟁의 종전 당시 일본군이 유기한 독가스로 인해, 현재도 수많은 중국인들이 고통 받고 있습니다. 그들을 오랫동안 지원해 온 일본의 시민들이 곤궁한 피해자들의 의료와 생활을 장기적으로 지원하기 위해 '화학무기 피해자 지원 중일 미래 평화 기금'[11]을 설립했습니다.

일본군은 종전 당시 전쟁범죄에 대한 추궁을 우려, 대량의 독가스를 하천이나 땅 속에 유기했습니다. 그 총수는 최소 70만에서 최대 200만 발에 달합니다. 그 중 대부분이 소련군이 침공한 중국 동북부(구 '만주')에 집중되어 있고, 건설공사 등으로 독가스 액이나 오염된 토사 등에

11　대표이사 오노데라 토시타카(小野寺利孝) 변호사

노출된 주민들이 피해를 입고 있습니다.

피해자가 가장 많은 중국 헤이룽장(黑龍江) 성 치치하얼(齊齊哈爾) 시. 해바라기씨 가공 공장을 경영하는 양슈마오(楊樹茂) 씨(53)는 2003년 8월, 토양이 오염된 것도 모른 채 뜰에서 정지작업을 하다 피해를 당했습니다. 사건 이후, "독가스를 옮긴다"고 기피하는 사람들 때문에 공장도 영업을 할 수 없게 되었고, 후유증 때문에 일을 할 수 없게 되어 수입도 끊겼습니다.

양 씨는 "늘 두통이 있고, 숨이 차오르는 증세도 심하다. 요즘에는 자주 소변이 마려운 데다 소변을 볼 때마다 통증이 느껴지는 게 가장 큰 고민"이라고 호소했습니다. 병원에 갈 경제적인 여유도 없어 값싼 시판약품으로 버티고 있습니다.

■ 꿈을 빼앗긴 스물 한 살의 피해자

치치하얼에 사는 가오밍(高明) 씨(21)는 일곱 살 때 오염된 흙에서 놀다가 감염되었습니다. 그 일 이후 무엇을 배우던 다음날에는 잊어버리는 증세 때문에 의사가 되려던 꿈을 접어야 했습니다. 지금도 현기증과 발열로 인해 걸핏하면 감기에 걸리는 상태입니다. 식욕이 없어 하루 세끼 식사하기도 힘이 듭니다. 장래를 생각하면 불안해서 눈물만 흐릅니다.

중국의 피해자와 유가족 약 70명은 1996년부터 2014년까지 일본에서 총 네 번의 법정투쟁을 벌였습니다. 충분한 피해 방지 조치를 취하지 않았던 일본정부의 책임을 물었지만, 결과는 늘 패소뿐이었습니다.

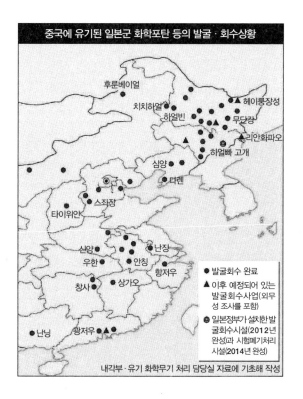

중국에 유기된 일본군 화학포탄 등의 발굴·회수상황

● 발굴회수 완료
▲ 이후 예정되어 있는 발굴회수사업(외무성 조사를 포함)
◎ 일본정부가 설치한 발굴회수시설(2012년 완성)과 시험폐기처리시설(2014년 완성)

내각부·유기 화학무기 처리 담당실 자료에 기초해 작성

　변호인단과 지원자들은 재판 종결 이후에도 활동을 이어가면서 2016년 봄 '화학무기 피해자 지원 중일 미래 평화 기금'을 결성했고, 같은 해 10월 NPO 법인으로 인증을 받았습니다.

　기금의 목적은 피해자의 의료와 생활 지원을 위해 ①일본, 중국 두 나라 의사들에 의한 치료활동·의료에 관한 의견 교환, ②피해자와의 교류, ③피해 조사·연구 및 정책 제언 등 피해를 회복하는 데 기여하는 일입니다. 활동은 중국 측의 '세균전·화학무기 피해자 구제기금'(2014년 설립)과 함께합니다.

■ 치치하얼 방문, '약값' 전달

일본의 기금관계자들은 올해(2017년) 3월 치치하얼 시를 방문, 그 자리에 모인 피해자 34명에게 기금과 관련해 보고해서 큰 박수를 받았습니다.

또한 중일 양국 기금이 피해자들에게 약값으로 지원금을 전달했습니다.

검진은 2006년부터 '전일본 민주 의료기관 연합회'의 의사들이 중국 측 의사들과 협력, 중국에서 총 여섯 번을 실시했습니다. 앞으로는 치치하얼 종합병원에서 검진뿐만이 아니라 치료도 할 수 있는 태세 또한 갖추려 하고 있습니다.

피해자를 대표해 사의를 표명한 양 씨는 "화학무기의 중대한 피해를 국제사회에 호소하고, 일본정부가 조속히 처리할 수 있도록 여러분

피해자들에게 기금에 대해 설명하는 미나미 테루오 변호사(오른 쪽에서 두 번째)와 통역하는 팡뤄린(房若林) 씨(그 오른 쪽), 일본의 기금 관계자들(좌측)=2017년 3월 치치하얼 시

과 싸워 나가겠다"고 말했습니다.

변호사 미나미 테루오(南典男) 화학무기 피해자 지원 중일 미래 평화 기금 사무국장은 "지금까지보다 한 걸음 더 나아간 활동에 들어가고 싶다. 피해 원인을 제공한 일본정부와 화학무기를 제조한 일본기업이 책임을 지도록 할 것"이라고 말했습니다.

■ 발굴회수 아직 5·6만 발
─대응 느린 일본정부

일본군 731부대는 세균을 사용하는 인체실험과 세균전을 자행했을 뿐만 아니라, 1933년에 독가스의 인체실험까지 시작했습니다.

헤이룽장 성 하얼빈 시 교회에 있는 731부대 유적에는 독가스 실험실과 독가스 저장실이 현존합니다. 치치하얼 교외에는 독가스무기를 취급하는 516부대가 주둔하면서 731부대와 독가스 실험을 했습니다. 그 치치하얼에서 2003년 8월, 사상자 44명(그중 1명 사망)을 낸 유기 독가스 사고가 일어났습니다. 독가스 액이 든 드럼통 5개가 단지의 하천 주차장 건설현장에서 출토된 것입니다. 현장은 516부대의 탄약고 유적지였습니다.

일본정부는 1995년 화학무기 금지조약을 체결했습니다. 1999년에는 유기화학무기 폐기에 관한 각서를 중국정부와 체결, 폐기의무까지 부담하게 되었습니다. 그러나 대응이 늦고 주체적·능동적 피해 방지 조치를 취해오지 않고 있었습니다. 내각부에 의하면 2016년 11월까지 발굴회수된 것은 약 5·6만 발입니다.

■ 일본 국내 피해자도 결의

─"전하는 것이 나의 사명"

한편, 환경성에 따르면 일본에서의 독가스탄 등의 발견, 피해·소해(掃海) 등의 처리는 2003년까지 24개 지자체에서 823건에 달했습니다.

독가스 피해는 일본에서도 발생하고 있습니다. 이바라키 현 카미스(神栖) 시에서 피해를 당한 아오츠카 미유키(青塚美幸) 씨(40)와 장남 류지(球時) 씨(15)도 이번 중국방문에 참가했습니다.

이 지역에서는 주민이 일본군의 독가스 원료에서 유출된 비소에 오염된 우물의 물을 음용해왔고 2000년 무렵부터 증상이 시작되었습니다.

아오츠카 씨는 목이 아프고 따끔거리는 증상과 더불어 어지럼증 때문에 방에서 방으로 옮겨갈 때도 기어서 가야했습니다. 류지 씨는 비소 섭취에 의한 발달장애 진단을 받았습니다.

주민 39명은 2006년, 정부와 이바라키 현에 책임을 묻기 위해, 공해 등의 조정위원회에 책임재정을 신청했습니다. 그리고 위원회는 2012년 정부의 책임은 인정하기 곤란하나 현의 법적 책임은 인정했습니다.

아오츠카 씨는 '현과의 화해로 모든 것을 리셋하고 새로운 생활을 꾸리자'고 생각했습니다. 하지만 피해를 입었던 일에 대해 "잊고 싶지만 잊어버릴 수가 없다"며 고뇌하고 있습니다.

중국에서 아오츠카 씨는 현지의 피해자들을 만나고, 731부대의 자료관을 견학해 보면서 생각이 바뀌었습니다. "사실을 잊지 않도록 전하는 것이 우리들의 사명. 그것이 더 이상 피해를 확대시키지 않는 일이기도 하다.” 아오츠카 씨는 통역을 맡은 치치하얼 주민 팡뤄린(房若林) 씨(52) 때문에 마음이 움직였습니다.

팡 씨는 일본의 변호인단과 20년 넘게 인연을 맺고 있습니다. “동포와 일본의 피해자들을 위해, 방관할 수 없다. 지원을 호소할 것”이라는 팡 씨. 일본 측 기금의 회원이 되었습니다.

② 후유증으로 일을 할 수 없어 장기 지원이 필요
─화학무기 피해자 지원 중일 미래 평화기금 이사·교토 민의련 제2중앙병원 원장 이소노 오사무(磯野理) 씨

우리는 치치하얼 피해자들에게 정기적인 검진을 6회 실시했습니다. 그 때 참고한 것이 1980년대 이라크군의 머스터드가스에 피폭된 이라크인의 증상이었습니다. 지금도 대다수가 피부·눈·호흡기 3대 기관 증상으로 고통 받고 있습니다.

치치하얼의 경우는 3대 기관 증상보다 자율신경장애(현저한 빈뇨·설사, 피로, 어지럼증 등)와 고차 뇌기능 장애(기억력, 집중력, 판단력 등의 저하) 등의 후유증에 시달리고 있습니다. 이러한 증상으로 고통 받는 것은 일본군의 머스터드가스가 루이사이트(lewisite)[12]의 혼합물이었기 때문인 것으로 생각됩니다.

---

12   독가스의 일종. 비소를 주성분으로 한 미란성 최루성 및 폐(肺)자극성 물질. (옮긴이)

2012년 학습장애가 현저하던 16세 장애인의 지능검사를 실시했습니다. 결과는 발달연령이 사고 당시인 7세에 머물러 있었다는 것입니다. 시간의 경과와 더불어 피부와 눈, 호흡기의 증상은 가라앉을 수 있다고 생각합니다. 하지만 빈뇨는 원래 야간에 여러 차례이던 것이 3~4회로 줄어드는 정도입니다. 보통 2층에 올라가는 일도 쉬엄쉬엄 하지 않으면 맥박이 빨라져 올라가지 못하는 사람도 많습니다. 지금도 후유증상에 고통 받으며 일상적인 생활과 일이 가능한 상태가 아닙니다. 우울증이나 PTSD도 심각합니다.

머스터드가스는 발암성입니다. 일본군의 독가스를 히로시마 현 오쿠노지마(大久野島)에서 제조하던 사람들은 암 발생률이 높습니다. 중국에서도 암으로 사망하는 피해자가 나오고 있습니다. 기금에서는 치료와 정신보건, 생활지원을 어떻게 하면 장기적으로 할 수 있을 지에 대해 이야기하고 있습니다.

시리아 북서부에서 4월, 사린, 혹은 그 비슷한 물질이 사용되었습니다. 독가스무기는 바로 오늘날의 문제인 것입니다. 사람들에게 독가스 피해의 실태를 널리 알리는 일에 힘쓰고 싶습니다.

2017년 5월 14일자 일요판, 모토요시 마키

5

동남아시아, 남양의 섬들에서

(1) 싱가포르·말레이시아의 일본군 전쟁 유적을 돌아보다

일본군이 영연방 연합군을 격퇴하고, 싱가포르·말레이시아를 점령한 뒤, 종전까지 3년 8개월 동안 무엇을 했는지에 대해 일본에서는 별로 알려져 있지 않습니다. 이 문제와 관련해서 오랜 기간 현지조사를 진행해 온 것이 다카시마 노부요시(高嶋伸欣) 류큐(琉球)대학 명예교수입니다. 그가 1983년부터 시작한 교원·유지들이 참가하는 스터디투어가 42회 이어졌습니다. 이 투어에 참가하며 목도한 일본의 전쟁 유적, 그리고 시민의 교류에 대해 이야기해보겠습니다.

① 총검에 스러진 사람들

—그림·기념비는 고발한다

한해 기온이 32도에서 거의 변화가 없는 싱가포르. 그 시가지의 '선현관(先賢館)'에 2016년 8월 18일, 투어 참가자 10명이 도착했습니다. 뒤이어 도착한 일본인회, 일본인학교의 학생들과 교사들을 포함해서 50여 명이 모였습니다.

■ 시에(謝) 씨의 증언

이 날, 일본군이 싱가포르를 침공, 점령했을 당시의 체험을 증언해 준 이가 시에자오시(謝昭思) 씨(84)였습니다.

시에 씨는 당시 열 살. 일가는 양친, 모계·부계 형제 총 25명으로 200마리의 돼지와 1,000마리의 오리를 기르던 부유한 농가였습니다. 농지는 지금의 싱가포르국립대학 구내에 해당합니다.

1942년 2월 15일, 일본군 선발대 천 명 이상이 나타났습니다. 과거 몇 차례에 걸친 증언기록을 재현해보면 이렇습니다.

"일본군은 잇따라 나타나 돼지와 오리 등을 빼앗아갔다. 다 없애고 나면 아버지 등을 심하게 때렸다. 어느 날 갑자기 동내 끄트머리에 있던 할머니 댁에서 '살려달라'는 비명이 들렸다. 밖에 나가 보니 그물을

소년 시절 시에 씨가 목격한 젊은 화교 남녀가 일본군에게 머리를 잘리는 장면. 기억에 기초해 재구성.

머리에 뒤집어쓰고 나뭇가지로 온몸을 위장한 일본군이 우리 집 사람들을 죽이고 있었다."

"일본군은 우리가 숨어 있던 어린이용 방공호에도 들어왔다. 15살의 남자아이가 마루에 무릎을 꿇고 손가락으로 지면에 '선생님, 우리가 뭘 해 드리면 좋겠습니까'라고 중국어로 썼다. 일본군은 그 아이를 등 뒤에서 총검으로 찌르고 머리를 타격해서 죽였다."

시에 씨는 사촌과 정신없이 도망쳤지만 산모퉁이에서 붙잡혀 총검에 찔려 쓰러졌고, 다시 몇 번이나 난자당하다 정신을 잃었습니다.

■ 일본은 배상을

숨쉬기 어려운 상태에서 의식이 돌아왔을 때, 땅 속에 묻힌 몸 위로

흙이 조금 뿌려져 있었습니다. 집에서 꽤 떨어진 곳이었지만 조금씩 기어서 집으로 돌아왔더니 임신 7개월의 몸으로 중상을 입은 어머니와 자상을 입은 15세의 누나, 생후 18개월의 남동생, 중상을 입은 아주머니 등이 있었고 부친은 이미 절명한 상황이었습니다.

비관한 어머니가 오리연못 옆에서 "다 같이 죽자"고 말했습니다. 시에 씨가 겨우 살아 돌아왔는데 "죽고 싶지 않아. 싫어" 라고 울며 소리치자 근처에 있던 사람들이 달려와 말리고 부친의 시신도 매장해주었습니다.

"모친의 사후, 아주머니의 보살핌을 받으며 지냈습니다. 일본군의 명령으로 남동생과 둘이서 막사에 뿌려진 피를 씻으러 가기도 했습니다. 그래도 군의관이 귀엽다고 밥을 준적도 있었지요. 어느 날은 젊은 중국계 남녀가 일본군에게 목이 잘리는 것을 보기도 했지만요. 그 뒤부터 일본군들이 있는 곳에 갈 수가 없었어요."

"일본이 지금부터라도 진심으로 배상해주길 바랍니다. 이 분노는 평생 사라지지 않아요. 생각을 할 때마다 슬픔에 휩싸입니다."

시에 씨는 1998년 아시아 포럼 요코하마[13]가 싱가포르 화교신문에 게재한 "제2차 세계대전 피해자를 찾습다"는 광고에 대한 기사를 읽고 연락해 오신 분들 중 하나입니다.

시에 씨의 기억을 바탕으로 그린 4장의 그림은, 국립공문서관에 전시되었고, 인터뷰 기록영상도 보존되어 있습니다.

13　대표 요시이케 준코(吉池悛子)

■ 헌병대의 숙청

싱가포르 정부는 전후 50년 사업으로 전쟁 유적과 점령하의 사건 장소에 기념비를 세웠습니다. 처음엔 11곳이었지만 지금은 20군데로 늘어났습니다.

그중 하나가 창이국제공항에 착륙하는 대형 비행기가 머리 위를 가르는 창이해안의 기념비입니다. 영어, 중국어, 말레이어, 타밀어, 일본어로 비문이 적혀 있습니다.

"1942년 2월 20일, 이곳 창이해안 물가에서 66명의 화교 남성이 보조헌병 총살집행대에 의해 살해당했다. 이 66명은 … '항일분자' 일소를 위해 일본군이 전개한 이른바 대검증(大檢證·숙청)에서 살해된 수 만 명의 화교 가운데 일부이다."

"여기에서 수백 미터 남쪽의 타나 메라 브사르(Tanah Merah Besar)해안은 일본군이 가장 빈번하게 사용하던 처형장의 하나이며, 젊은이들을 포함, 1천 명이 넘는 화교 남성이 살해되었다."

시에 씨 가족의 살해는 이 대규모 화교 학살의 전초전이었습니다. 2월 18일, 야마시타 도모유키(山下奉文) 제25군 사령관이 '항일분자' 소탕을 명령하면서 시작되었습니다. 영연방 연합군과의 전투가 끝난 후에 일어난 사건이었습니다.

이 '숙청'을 실행한 것이 점령 후 치안을 담당한 헌병대입니다. 1976년 발행된 『일본헌병정사』[14]에도 스스로 "유감스러운 숙청사건으로, 대동아전쟁사의 일대 오점"이라고 기록할 정도입니다.

점령이 개시되었던 2월 15일에는 매년 시가지 중심부에 솟아 있는 '혈채의 탑'에서 정부주최의 추도식이 열리고 있습니다.

② 추도의 교류, 신뢰의 기초

남지나해를 바라보는 말레이시아 동해안, 조호르(Johor) 주 메르싱 (Mersing) 언덕에 있는 중국식 묘, 의산(義山). 그 사면 중턱에 "풍성항화 상 선현공묘(豊盛港華商 先賢公墓)라고 적힌 추도비가 있습니다. 풍성은 메르싱을 가리킵니다.

"채색이 요전에 왔을 때와 다르다. 지역 분들이 잘 관리해주고 계셔서 그렇다"는 다카시마 노부요시 류큐대학 명예교수. 1942년 2월 29일부터 3일 사이에 학살된 400명 이상이 매장되어 있다고 합니다.

비가 내리는 가운데, 투어 일행이 묘 주변의 잡초를 뽑기 시작했습니다. 모두들 중국식의 큰 선향을 손에 들고, 비의 앞에 서서 삼배(三拜)를 올렸습니다.

"현지에서 향을 준비해서 추모합니다. 지역 분들에게 '가해자인 일본인들이 나타나서 뭘 하는 거냐'는 불쾌한 마음이 들지 않도록 묘의 소제도 하고 있습니다. 다카시마 선생은 이전부터 추도비 주변의 잡초 뽑기를 무척 자연스럽게 해오고 계십니다."

매년 12월 동남아시아에서 증언자를 불러 집회를 열고 있는 아시아 포럼 요코하마의 요시이케 준코 씨가 말했습니다.

■ 70개의 묘와 추도비

투어를 통해 현지에서 협력까지 받아, 약 70개의 묘와 추도비를 두 나라에서 확인했습니다.

말레이시아의 각 지역에서도 '적성(敵性) 화교 사냥'의 이름으로 최대 규모의 일반 주민 학살이 자행된 것이 수도 근교의 네게리셈빌란 (森美蘭) 주였습니다. 대부분 숲 속 고무농장에서 일하는 노동자였으며, 가족이 모두 함께 살고 있는 주민들이었습니다.

히로시마의 제5사단 보병 제11연대 제7중대의 '진중일기' 1942년 3월분에 부락을 습격, 총검으로 여성은 물론 아이들까지 무차별적으로 사살했다는 기록이 방위성 방위연구소 전사(戰史)연구센터에 남아 있습니다.

8월 14일, 주 전체의 추도식이 주도 세렘반(Seremban)에 있는 산 정상에서 기슭의 들판까지 묘가 늘어서 있는 의산에서 거행되었습니다. '네게리셈빌란 주 일본 침략 시기 환란 동포 71주기 기념공제(紀念公際)' 입니다.

매년 있는 추도식에 투어 참가자도 초대되었던 까닭에, 일본인도 향을 올릴 수 있었습니다. "반공(反恐. 테러), 반전, 평화 제창" 선언이 낭독되자 박수가 쏟아졌습니다.

■ 비판의 목소리도 들어야

다카시마 씨는 인사말에서 아베 정권이 집단적 자위권 행사를 노리며 올해에도 침략전쟁의 정신적 지주인 야스쿠니 신사에 각료와 자민당

의원 등이 참배했던 사실을 지적하면서 "동남아시아에서 비판의 목소리가 높아지고 있다는 것을 일본은 알아야 한다"고 말했습니다.

지역 화교단체인 중화대회당이 1984년, 일본침략 시기 체험자의 증언과 자료를 광범위하게 수집했습니다. 그리고 인쇄비용 때문에 정체되어 있던 말레이시아에서의 출판을 다카시마 씨와 하야시 히로후미(林博史) 간토가쿠인(關東學院)대 교수가 일본의 연구자들에게 호소해 원조를 받음으로써 1988년 출간되었습니다. 이런 오랜 세월 동안의 교류를 통해서 서로간의 신뢰를 쌓을 수 있었습니다.

③ 중고생들도 참여

말레이시아의 수도 쿠알라룸푸르에서는 매년 8월 15일 왕궁(이스타나) 가까이에 있는 의산에서 화교단체인 중화대회당의 실행위원회가 주최하는 추도식이 열리고 있습니다.

■ "자발적으로 왔다"

중고생 수십 명도 참가했습니다. "선생님한테 이야기를 들었나요?"라고 묻자 "아닙니다. 자발적으로 왔어요"라며 입을 모았습니다.

이번에도 투어 참가자들은 두 개의 비 앞에서 진행되는 추도식에 참여했습니다.

하나는 '중화민국 남녀교포 참사분(慘死墳)'으로 전쟁 당시 형무소에서 목숨을 잃은 사람들과 항일군, 그리고 학살 희생자 등이 매장되어

추도식을 마친 뒤 학생들에 둘러싸여 촬영에 응한 다카시마 씨. (앞줄 가운데)=2016년 8월 15일, 말레이시아

있는 곳입니다. 전후 일본군의 만행을 지켜본 사람들이 유해를 파낸 뒤, 다시 매장해서 묘를 쓴 것입니다. 당시 발견된 두개골만 1,100개에 달했다고 합니다.

다른 하나는 '화교 기공회국 항전 순난 기념비(華僑機工回國抗戰殉難紀念碑)'입니다. 중일전쟁이 시작되자 일본의 침략에 맞서 중국의 정권을 원조하기 위해, 깊은 산 속 윈난(雲南)성의 루트를 따라 무기와 물자를 운송하는 트럭을 운전했던 운전수와 정비공을 '회국기공(回國機工)'이라고 부르는데, 그 분들을 애국자로서 기리는 비입니다.

추도식에는 누구라도 참가할 수 있습니다. 이날도 주최자로서 인사말을 전한 중화대회당의 주석, 영국과 프랑스 대사관의 무관(武官), 일본 대사관에서 온 1등 서기관 등이 참가했습니다.

16세의 여자고등학생이 늠름한 목소리로 추도사를 하는가 하면,

트럼펫으로 추도곡을 연주한 남녀고등학생도 있었습니다. 그리고 다함께 국화를 헌화했습니다.

■ "역사를 공부하고 싶다"

추도식이 끝나고 고등학생들의 이야기를 들어보았습니다.

"이 비를 세움으로써 선조들의 권위가 전해지는 것이라 생각합니다. 이런 과거의 역사를 공부하고 싶어요."(여자)

"항일에 몸 바친 분들이 계셨기에 지금의 우리가 있습니다. 그 희생이 없었다면, 우리는 태어나지도 않았을 거예요. 저는 그 분들에 대한 경의의 마음을 갖고 있습니다."(남자)

"처음 참가했는데 특별한 느낌입니다. 역사를 느꼈거든요. 국가라는 조직이 한 일이니 말레이시아는 (일본인을) 용서해야 합니다."(남성)

식이 끝난 뒤 중화대회당 관계자와의 간담회에서 다카시마 류큐대학 명예교수는 투어 참가자로서 "아베 정권이 벌이고 있는 일에 대해, 동남아시아의 여러분께서 대단히 걱정하고 계시다고 들었습니다. 이 투어의 보고서를 완성, 보급해서 일본인들에게 알려주고 싶어요. 앞으로 젊은이들의 교류가 중요합니다. 대학생 등을 참가시켜서 교류를 강화해야겠습니다"라고 말했습니다.

2016년 9월 25일~27일자, 야마자와 타케시

(2) 헌병대·군이 종전 후 주민 살해
— '9·5 사건' 희생자 자손의 증언

16세기부터 유럽 국가들과 아시아의 교류·무역을 통해 번영한 흔적이 고스란히 남아 있는 세계유산의 거리, 말라카 시(말레이시아). 그 근교의 국도 5호선 옆에 높이 1미터 반 정도의 '1945년 9·5 순난사지(殉難史誌)'비가 세워져 있는 가운데, 뒤로는 돌로 만들어진 묘들이 늘어서 있습니다. 종전 후에 부당하게 구 일본군에게 희생되신 분들의 묘입니다.

순난사지에는 "1945년 2월 15일 말라카(馬六甲) 인민위원회 총회"에 의해 세워졌다는 기록이 적혀 있습니다. 말라카 인민위원회는 당시

전후에 일본군에게 살해당한 조부에 대해 이야기하는 린샤오빈 씨(가운데)와 '말라카반도 여행' 일행, 8월 13일, 말라카

주민들을 이끌던 조직이었습니다.

　말라카를 방문할 때마다 여러 개의 묘를 벌초하며 추도해 온 다카시마 노부요시 류큐대학 명예교수 등 '말라카반도 전쟁의 상흔을 더듬는 모임' 일행은 8월 13일, 희생자 중 한 분인 린쿠이이(林揆義) 씨의 손자 린사오빈(林少彬) 씨와 재회했습니다. 린 씨는 싱가포르에 살고 있습니다.

　"제가 장학금을 받아 일본에 유학할 때 처음 조모로부터 할아버지가 전후에 일본군에게 살해당하셨다는 이야기를 들었습니다."

■ 군사적인 '공백'

　그리고 "조부는 말라카 시의 리더 중 한 사람으로 인민위원회에서 민의를 파악하는 일, 지금으로 말하면 설문조사를 담당하는 주임이셨습니다. 일본군들에게 있어서는 자신들이 저지른 행위에 대한 고발이 이루어질지 모르니 그리 달갑지 않았겠지요. 그밖에 세 개 학교의 이사도 하셨는데, 그 중 한 군데는 지금도 같은 교명을 쓰고 있어요"라며 배경을 설명했습니다.

　1945년 8월 15일 일본군이 항복하고 영국군 등 연합국군이 말라카에 진주하기까지 군사적인 '공백'이 생겼습니다. 바로 그 때 참극이 벌어졌습니다.

　말라카 시에 '치안유지' 명목으로 주둔하던 일본군 헌병대 소대장들은 시가지에서 젊은 주민 지도자들이 전후의 빈곤대책 등에 관해 이야기하고 있는데 그 중에 '항일 게릴라'가 포함되어 있다는 정보를 입수, 상관들의 만류를 뿌리치고 부하를 지휘, 여러 사람들을 체포했습니다. 그리고 앞바다 10킬로미터 해상에 떠 있는 작은 섬으로 끌고 가 살해했습니다.

연행 도중 트럭에서 뛰어내리거나 배에서 바다로 뛰어내려 몇 사람은 도망을 쳤지만, 결국 7명이 헌병들에게 사살되어 우물에 던져졌습니다. 이것이 '9·5 사건'이라 불리는 참극입니다.

순난사지에는 그 7명의 이름과 당시의 직무 등이 엄숙하게 기재되어 있습니다. 7명은 살해될 당시 각각 28세, 37세, 34세, 35세, 31세, 35세, 37세였습니다.

조부가 살해된 섬이 보이는 말라카 해협의 선착장. 린 씨는 "조부는 헤엄을 치지 못했기 때문에 도망도 치지 못했을 것"이라며 안타까워합니다.

헌병 소대장들에 의한 주민 체포·살해는 일본 항복 이후에 벌어진 명백한 위법행위, 국제법 위반입니다. 당시 범행을 저지른 소대장은 BC급 전범으로 사형판결을 받았지만, 최후까지 자신이 범한 잘못을 인정하지 않은 채 처형되었다고 합니다. 그밖에 다른 한 명도 처형되었습니다.

■ "비문에 경위 적혀 있어"

순난사지의 기록에 따르면 인민항일군은 "각 민족의 앞에 서서 그 모습을 드러내고 호소하여 인민위원회라는 조직을 설립, 사회의 치안을 유지하는 한편, 직장을 잃은 사람들을 돕고, 일본군이 실시했던 가혹한 정책을 폐지함으로써 민주주의의 정신을 발휘하였다"고 전합니다.

그리고 마지막에 "아아, 순난자들이여! 존경받아 마땅한 영혼(英魂)은 굴하지 않고, 꺾이지 않고 … 정확히 일의 경위를 기록하여 이 비를 건립해 새겨 넣음으로써 잊히지 않도록 하였다"라고 끝맺고 있습니다.

2017년 9월 2일자, 야마자와 타케시(山澤猛)

(3) 보급 무시한 채 전선 확대, 사망자의 6할은 '아사'
— 전우를 간호했던 가와라이 타쿠(河原井卓) 씨

2016년은 아시아·태평양전쟁 종전(1945)으로부터 71년이 되는 해입니다. 일본의 중국침략으로부터 시작된 전쟁은 아시아인 등 2천만 명 이상의 목숨을 앗아갔습니다. 한편, 일본의 군인·군속 사망자 230만 명 중 6할은 아사자였습니다. 남방전선 징집자가 말하는 무모한 침략전쟁의 실상을 살펴보겠습니다.

■ 탄약도, 식량도, 약품도 없이

1941년 일본군이 미국의 하와이와 말레이반도를 공격하면서 시작된 아시아태평양 전쟁. 102세의 가와하라이 타쿠 씨(미토 시 거주)는 개전 직전, 28세에 육군 보충병으로 징집되었습니다.

"야자나무에 무수한 탄흔이 남아 있고, 민가는 폐허가 되어 있었습니다. 풀숲에는 부패하기 시작한 사체들이 악취를 풍기며 내버려져 있었고요. 트럭이 시체들 위를 질주했습니다. 대부분 영국령 인도군 병사들이었지요."

일본군은 1942년 2월 싱가포르를 함락시킨 직후, 조직적으로 화교를 숙청·학살했습니다. 점령의 최대 목적은 석유와 고무 등의 자원을 확보하고, 진흙탕 싸움이 되어버린 중국과의 전쟁을 지속하기 위해서였습니다. 국책(國策)의 그늘에서 병사들의 생명은 경시되었던 것입니다.

가와라이 타쿠 씨

"전황이 악화되자 병사들은 폭탄을 안고 탱크에 뛰어드는 육탄전 훈련을 받았습니다. 목숨을 버리라는 훈련이었지요." 아직도 분을 가라앉히지 못하는 가와라이 씨. "대병력에 쫓기는데 무기도, 탄약도, 장기전에 버틸 식량도 확보되어 있지 않은 상태에서 죽는 것 말고 어떤 것도 할 수가 없었어요"라며 술회합니다.

병사들은 민가에서 식량을 빼앗거나 스스로 밭을 갈았습니다. 보급을 무사한 채 전쟁을 벌인 군 지휘부. 1944년 말경, 같은 부대의 동료 카스야(粕谷) 씨가 이질로 쓰러졌습니다. "군의관도 위생병도 없고, 약품 보급도 없었어요. 걸리면 그냥 끝장이었지요. 누구도 곁에 가질 않았습니다." 가와라이 씨는 '살려 달라'는 카스야 씨의 비통한 호소를 듣다

못해 감염사를 각오하고 맨손으로 혈변을 치우며 마지막까지 친구를 간호했습니다. "괴로워서 울었다"는 가와라이 씨의 눈에 어느새 눈물이 맺혀있습니다. "총 맞아 죽는 것보다 말라리아나 이질로 죽는 쪽이 더 많았다"고 합니다.

■ 잘못된 교육이 강제

일본의 군부는 『전진훈(戰陣訓)』에서 "살아 포로가 되는 수치를 당하지 말라"며 "죽음이 최고의 명예"라고 가르쳤습니다. 가와라이 씨는 "이 틀려먹은 교육이 비참한 결과를 초래했습니다. 병사들의 죽음은 개죽음이었고, 절대복종의 지상명령으로 강제된 것이었어요"라며 울분을 토로합니다.

한편 "비참하게 마른 현지의 아이가 병사들이 식기를 씻을 때 나오는 음식 찌꺼기를 양손으로 떠먹고 있는 모습을 보며 가슴이 미어졌다"고도 합니다.

현재 "이바라키 현 9조의 회"발기인으로 활동하고 있는 가와라이 씨는 "절대 전쟁을 하지 않도록 정해놓은 소중한 9조를 고친다니 불근신하기 짝이 없어요. (헌법) 9조는 인류의 보배입니다"라며 말을 맺었습니다.

2017년 5월 14일자 일요판, 모토요시 마키

(4) 치열한 지상전에서 거류 일본인도 희생
— 남양 전투 소송 원고단 단장 야나기다 토라이치로(柳田虎一郎) 씨

'남쪽의 낙원'으로 인기인 사이판과 팔라우. 이 남양군도와 필리핀 제도의 섬들은 1945년 8월 15일 종결된 아시아·태평양전쟁에서 미·일 두 나라 군대의 전쟁터가 되었고, 그 와중에 수많은 민간인들까지 희생되었습니다. 종전 72주년. 비참한 지상전에서 살아남은 체험자는 무슨 이야기를 전하고 싶어 할까.

야나기다 토라이치로 씨

① 삼남매, 총탄을 피해 밀림으로

야나기다 토라이치로 씨(79, 나하 시 거주)는 1940년 부친의 전근으로 가족과 함께 시즈오카 현에서 남양군도의 팔라우 제도로 이주했습니다.

"아름다운 섬, 야산, 수많은 작은 새들 … 그것도 순간이었습니다."

미군은 1944년 3월 말, 일본군의 중요거점이었던 팔라우 제도에 공습을 시작했습니다. 공습이 심해지자 일본군은 재외 일본인들에게 섬을 떠나라고 명령합니다. 야나기다 씨는 현지 소집된 아버지를 남기

고 임신한 모친과 여동생, 두 사람의 누이와 함께 일본으로 돌아가기 위해 일본군 군함에 올랐습니다.

하지만 필리핀 해협에서 미군의 어뢰공격을 받고 배가 침몰했습니다. 야나기다 씨 가족은 기적적으로 구조되어 함께 구조된 일본군, 그리고 다른 일본인들과 함께 필리핀의 민다나오 섬에 도착했습니다.

그 후 병사들은 일본군 차량으로 이동했고, 남겨진 여성과 아이들은 미군의 함포사격과 기총소사를 피해 산속으로 도망쳤습니다. 도중, 야나기다 씨의 어머니는 미군의 공격으로 임신 중이던 복부에 중상을 입었습니다.

"고통을 참으면서 딸들의 손을 잡아 끄시는데 바지가 벌써 피로 붉게 물들어 있었어요."

■ 모친을 여의고

근처 부락까지 도망가서 모친은 남자아이를 낳았습니다. 그로부터 사흘 뒤 모친이, 하루 뒤 남동생이 숨을 거뒀습니다. 생후 나흘의 짧은 생이었습니다.

당시 야나기다 씨의 나이는 6세. 어머니가 돌아가시고 8세이던 누이와 두 명의 여동생을 데리고 피난민들의 뒤를 따라 정글에서 도망쳤습니다.

팔라우에서 1941년경 촬영한 가족사진. 오른쪽에서 두 번째가 야나기다 씨.
종전 이후 친척에게 받은 사진.

피난민 사이에 말라리아가 퍼져, 야나기다 씨도 발병했습니다. 치료를 위해 맞았던 주사자국에 구더기가 끓었습니다.

빈 배를 채우기 위해 억새와 지렁이 개구리도 먹었습니다. 어머니가 생전에 쥐어주신 소금을 강의 진흙에 섞어 먹기도 했습니다.

세 살이던 막내 여동생은 식중독을 일으켜 서서히 약해져갔습니다. 보다 못한 야나기다 씨는 마을로 내려가 현지인의 밭에서 작물을 훔치게 되었습니다.

어느 날의 일입니다. 야나기다 씨는 마을에서 산으로 돌아가던 중, 일본군 2명이 일본인 여성으로부터 식량을 빼앗고, 그녀를 총검으로 찌른 뒤 도망치는 것을 목격했습니다. 야나기다 씨가 뛰어가 말을 걸자 여성은 "고마워요. 미안해요"라며 숨을 거뒀습니다.

"'고맙다'는 말은 저에게, '미안해'라는 말은 산에서 기다릴 가족들에게 한 거 아닐까요. 이 날 겪은 일이 꿈에서도 늘 보여요."

1945년 3월, 민다나오 섬에 미군이 상륙. 야나기다 씨 남매 등 피난민들은 포로가 되었습니다. 그리고 그해 연말, 일본으로 돌아갔습니다. 막내는 일본으로 돌아가던 배 안에서 숨을 거뒀습니다.

■ 뿔뿔이 흩어진 가족들, 귀국 후에도 고통

귀국 후에도 고난은 이어졌습니다.

가나가와 현 우라가(浦賀)항에 도착하자 삼남매는 고아원으로 보내졌습니다. 약 1년 뒤 부친이 돌아와 함께 가고시마로 이주했습니다. 그러나 암시장에서 생계를 꾸리던 아버지는 이내 붙잡혀 형무소에 가게 되었습니다. 삼남매는 각각 수양부모에게 보내졌습니다. 그것밖에 살 길이 없었기 때문입니다.

야나기다 씨는 아마미오(奄美大) 섬의 농가에 맡겨졌습니다. "도착하고 나서 딱 사흘 동안만 방에서 잠을 잤습니다. 나흘째부터는 마구간의 다락방에서 지내게 되었죠." 온종일 가축들에게 줄 풀을 베었습니다.

1년이 지나 오키나와에 일자리를 구한 아버지가 야나기다 씨를 데리러 왔습니다. 하지만 부친은 이내 암에 걸려 야나기다 씨 혼자서 병수발을 들어야 했습니다.

아버지가 돌아가신 뒤 야나기다 씨는 전쟁의 피해를 인정하라며 15세 때부터 후생성에 편지를 쓰기 시작했습니다. 하지만 후생성은 오랜 세월 아무런 답이 없다가 2008년 느닷없이 은배(銀杯)를 보내왔습니다.

야나기다 씨는 "은배는 필요 없으니 양친과 형제들을 돌려 달라"고 후생노동성으로 개편된 같은 정부부처에 편지를 쓰고, 은배를 돌려보냈습니다. "나라가 가족의 인생을 망쳤습니다. 전쟁을 일으켜 국민을 슬프게 해놓고 책임을 지지 않는 것은 정말 비겁해요."

최근 야나기다 씨는 오키나와 현 소재 초등학교에서 학생들에게 이야기를 해 주는 자원 활동가 활동을 하는 중입니다.

"살아 있는 동안은 계속하고 싶어요. 아이들에게 전쟁의 비참함, 괴로움, 슬픔을 알려주고 싶네요."

② 필리핀인 희생자 111만 명, 마닐라 시가전에서만 10만 명

일본의 중국침략에서 시작된 전쟁으로 아시아·태평양지역에서 2천 만 명 이상의 사람들이 희생되었습니다.

필리핀에서는 개전에 따른 일본군의 침공(1941년 12월)과 레이테 전투(1944년 10월)에 이르는 기간 동안 미일 두 나라 간에 벌어진 전투로 인해, 약 111만 명의 필리핀인이 사망(필리핀 정부 추계)했습니다. 특히 1945년 2월 마닐라 시가전에서는 10만 명이 목숨을 잃기도 했습니다. 일본군은 유아 등 주민의 학살과 성폭행을 자행했고, 병원과 교회 등도 파괴했습니다. 당시, 일본군 대대에서는 다음과 같은 명령이 내려졌습니다.

필리핀인을 사살할 때는 한 장소에 모아 탄약과 인력의 과도한 소모를 하지 않도록 할 것. 사체 처리는 태우거나, 파괴할 예정인 건물에 모아놓던가, 강물에 던져버리라는 것 등이었습니다. (『일본의 원폭 기록 2』,

일본 도서센터)

　후생노동성에 따르면 필리핀에서의 일본인 전몰자는 51만 8천 명, 중부태평양(남양군도)는 24만 7천 명에 달합니다.

③ 국책 이주자를 방치한 '대본영(大本營)', 국가의 피해자 구제책임
―남양 전투 소송 변호인단장 (변호사) 즈케야마 시게루(瑞慶山茂) 씨

　남양과 필리핀의 섬들은 본토방위를 위한 제1의 '방파제'로 취급되었습니다. 그 결과, 오키나와 전투와 마찬가지로 미·일의 대규모 지상전에 주민들이 휘말릴 수밖에 없었습니다. 이 두 도서지역에서 추계 2만 5천 명의 오키나와 현 출신자가 목숨을 잃었습니다.

■ **태반이 오키나와 현민**

왜 수많은 오키나와 현민이 희생되었을까요.

　남양군도는 제1차 세계대전 후에 일본의 위임통치령이 되었습니다. 그 때문에 약 10만 명의 일본인이 정책적으로 이주했습니다. 그 태반이 오키나와 현민이었습니다. 일본이 아시아·태평양전쟁 개전 후 점령한 필리핀 제도에도 수많은 일본인들이 이주했습니다.

　제 양친도 오키나와에서 팔라우로 이주하셨고, 거기서 1943년에 제가 태어났습니다. 미군의 공습이 시작되어 제가 한 살 때 배로 피난했습니다. 그런데 배가 전복되는 바람에 저는 어머니 품에 안겨 표류하다 구출되었습니다. 세 살이던 누이는 목숨을 잃은 뒤였습니다.

남양·필리핀 전투 피해자 45명은 2013년 8월 15일, 일본정부에 사죄와 배상, 영구평화를 요구하며 나하지방재판소에 소송을 제기했습니다. 하지만 정부는 사실에 대한 인정여부조차 표명하지 않고 있습니다.

전시에는 '대본영(천황 직속의 전쟁 지도 기관)'이 주민과 병사를 방치했습니다. 미군이 사이판에 상륙(1944년 6월)하자 대본영은 사이판 섬의 포기를 결정하고, 군사지원을 전면적으로 중지했습니다. 이 중대결정은 일본 내 군대와 국민들에게 알려지지 않았습니다.

그 결과, 일본군은 옥쇄돌격을 감행해 전멸했고 적지 않은 주민들이 궁지에 몰려 사이판 섬 북부의 마피산 절벽에서 투신했습니다.

■ '집단자결' 강제

일본군은 자국민에 대해서도 잔학무도한 행위를 했습니다. 일본군은 민간인들에게 수류탄을 쥐어주며 옥쇄(玉碎)와 '집단자결'을 강제했습니다. 피난처의 호(壕)에서도 민간인을 쫓아내는 바람에 미군의 포탄에 다수의 주민이 죽고 다쳤습니다.

공포와 절망 속에서 신체적 장애와 PTSD에 고통 받는 피해자도 셀 수 없습니다. 전쟁은 최대의 기본적 인권침해입니다. 정부는 인권 회복조치를 취할 의무가 있습니다.

일본은 남양과 필리핀 제도의 사람들을 '삼등국민' 등으로 차별해서 괴멸적 피해를 주었습니다. 이런 사람들에 대한 구제가 필요합니다.

2017년 8월 13일자 일요판, 모토요시 마키

6

|

관동대지진 당시 조선인 학살과
가메이도 사건

군·경찰, 선동당한 자경단이 실행

1923년 9월 1일 관동대지진이 일어났을 당시, 군대, 경찰, 자경단 등에 의한 조선인 학살이 발생했습니다. 그러나 자민당의 고가 토시아키(古賀俊昭) 도쿄도 의원은 2017년 3월 도의회에서 학살은 '방위'였다고 하는가 하면, 피해자 수의 근거가 희박하다고 주장했습니다. 이어 고이케 유리코(小池百合子) 도지사가 역대 도지사 모두 해왔던 관동대지진 조선인 희생자 추도식의 추도사의 거부를 표명했습니다.[15] 조선인 학살

15 고이케 도지사의 발언 = 도쿄도 스미다 구에서 2017년 9월 1일 진행된 관동대지진 조선인 희생자 추도식에 고이케 유리코 도지사가 추도문을 보내지 않은 문제로, 고이케 지사는 같은 날 정례회견에서 조선인 학살이 있었다는 사실에 대한 인식과 관련해 질문을 받자, "역사가가 풀어볼 일"이라고 언급하는 데 그쳐 학살의 사실이 있었다는 것을 인정하지 않았습니다. 1923년 관동대지진 당시 "조선인이 우물에 독을 풀었다" 등의 유언비어가 확산되어, 군과 경찰 등이 수천 명의 조선인, 중국인을 학살했습니다. 일조(日朝)협회, 도쿄도연합회 등이 조직한 실행위원회는 학살의 희생자를 추모하고, 다시는 이런 일이 벌어지지 않도록 1973년 이래 스미다 구 도립 요코아미초(橫網町) 공원에서 추도식을 진행해

의 원인과 실태는 어떤 것이었을까요.

■ 도쿄와 요코하마에서 중국인도 학살

정부는 당시 9월 2일 대략 지금의 도쿄 23구 범위에서 계엄령을 시행하고, 그 뒤 3일에 도쿄 전역과 가나가와 현, 4일에는 지바 현과 사이타마 현 등 순차적으로 확대했습니다. 계엄령 하에서 군대가 치안유지를 맡았습니다. 실탄을 장전하고 도쿄로 달려온 것은 지바 현에 주둔하던 기병과 중포병 연대였습니다. 지진 초기, 그들은 경찰, 자경단과 함께 '조선인 사냥'에 광분했습니다.

"조선인이 우물에 독을 풀었다", "방화했다", "폭동을 일으켰다" 등의 유언비어가 무려 1일 저녁 무렵부터 나돌았습니다. 그러나 군대와 경찰은 소위 '불령(不逞)'을 저지른 조선인 집단을 발견할 수 없었습니다.

지진 이후 조선인 청년들이 피해자들을 '위문'한다는 명목으로 학살 조사를 진행, 희생자가 6천 여 명이라는 조사결과를 남겼습니다. 이는 추정에 따른 조사결과로 최근의 연구에서는 수천 명이라고 언급됩니다.

센슈(専修)대학의 다나카 마사타카(田中正敬) 교수는 이렇게 말했습니다. "희생자 수를 엄밀하게 확정하는 것이 어려운 것은, 사체가 감춰졌거나 조사를 방해했기 때문입니다. 본래 정부가 했어야 할 일을, 지역

왔습니다. 추도식에는 지사들이 추도문을 보내왔는데, 고이케 지사는 추도문을 보내지 않아, 주최자와 도민들 사이에 "추도문을 보내지 않는 것은 학살의 역사를 부정하는 일로 이어진다"는 비판이 일고 있습니다.

에서 증언을 수집해 사실을 알아냈습니다. 학살에 대한 군대의 관여는 계엄사령부의 내부 자료에도 나옵니다. 정부는 책임을 인정하고 조사를 실시해야 합니다." 다나카 교수는 관동대지진 조선인 학살의 국가책임을 묻는 모임 사무국장을 맡고 있습니다.

생존자의 증언에 따르면 중국인 학살은 지금의 도쿄도 고토(江東)구 오시마초(大島町)와 요코하마에서 많았으며, 고토구에서 이름이 확인된 희생자 수만 6백 명에 이른다고 합니다.

당시 도쿄부 가메이도(龜戶)경찰서에서는 사회주의자들이 살해당하는 가메이도 사건이 일어났습니다. 9월 3일에 지진 구조 활동에 참가했던 미나미카츠(南葛) 노동회 가와이 요시토라(川合義虎) 일본공산청년동맹 초대위원장 등 8명과 히라사와 케이시치(平澤計七) 등 2명이 가메이도서에 체포되어 이튿날인 4일 한밤중에 나라시노(習志野) 기병 제13연대의 손에 사살되었습니다. 가와이 등과 노동쟁의를 둘러싸고 대립하고 있던 경찰과 군대가 합의 하에 살해한 것입니다.

9월 16일 무정부주의자 오스기 사카에(大杉榮)가 본인은 물론 아내 이토 노에(伊藤野枝), 심지어 조카까지 아마카스 마사히코(甘粕正彦) 헌병대위에게 살해당하기도 했습니다.

■ 내무성 지령으로 자경단 조직

조선인 학살에는 내무성이 관여했습니다. 내무성은 경찰과 지방행정을 관할하는 관청으로, 9월 3일 아침, 경보국장(警保局長) 명의로 전국의 현지사들에게 해군의 선교무선통신소를 통해 전문을 보냈습니다.

"조선인은 각지에서 방화하고", "폭탄을 소지"한 자도 있으므로 "도쿄부에서는 일부 계엄령을 시행했다", 각지에서는 "조선인의 행동에 대해서는 엄밀한 단속을 가하라"는, 즉 전국적인 조선인 단속을 진행하라는 지령이었습니다.

이에 따라 각 현청으로부터 기초단체의 관공서에까지 지령이 내려와 민간조직인 자경단이 만들어졌습니다.

사이타마와 군마에서는 지시와 신문의 유언비어 보도에 따라 각 자치단체에 자경단이 만들어졌습니다. 자경단은 경찰이 조선인을 군마현 방면으로 보낸 나카센도(中山道) 일대와 조선인이 수용된 경찰서에 몰려들어 조선인을 습격했습니다. 두 현의 각 지역에서 사건이 확인되었으며, 희생자 수는 사이타마에서 200명 이상, 군마에서 20명 이상이라는 조사가 있습니다.

이후 학살을 저지른 자경단의 인물이 재판에 회부되었으나, 대표자에게만, 그것도 '정상을 참작'한 가벼운 형이 부과되었을 따름입니다. 군사법정에 회부된 아마카스 마사히코 대위를 제외하고 군대와 경찰은 재판조차 받지 않았습니다.

그해 12월 당시 제국의회에서 무소속의 다부치 토요키치 의원이 정부가 회의에 보고하지 않는 것을 비판, "천 명 넘는 사람이 살해당한 대사건을 불문에 붙여서 되겠는가, 조선인이니 괜찮다는 생각인가, 우리는 나쁜 짓을 하면 사죄하는 것이 예의라고 생각한다"며 추궁합니다. 그러나 야마모토 곤노효에(山本權兵衛) 총리는 "정부는 목하 조사 진행 중"이라고만 말했을 뿐, 그 뒤는 흐지부지 되어버리고 말했습니다.

내각부 아래 설치된 중앙방재회의의 '재해교훈의 계승에 관한 전문조사회'가 2008년 3월에 정리한 「1923년 관동대지진 보고서 [제2편]」에서는 학살의 배경에 대해 "일본이 조선을 지배하고, 그 식민지 지배에 대한 저항운동에 직면해 공포감을 안고 있었던 것"이라면서 "(조선인에 대한) 몰이해와 민족적 차별의식"을 지적, "반성이 필요"하다고 언급합니다.

다나카 교수는 말합니다. "일본의 대외전쟁이 조선인에 대한 차별의식을 고조시켰습니다. 청일전쟁도 러일전쟁도 조선을 전쟁터로 삼았지요. 그 과정에서 조선인에 대한 박해와 참살을 반복했습니다. 이 경험을 통해서 차별의식이 강화되어 온 것입니다."

최근 연구에 따르면 학살된 조선인이 수천 명에 이른다고 합니다.

학살된 조선인 희생자의 추도식, 2017년 9월 1일, 도쿄도 스미다구

중앙방재회의 보고서는 정확한 피해자수를 파악할 수 없다고 하면서도 "(지진) 사상자의 1에서 수 퍼센트에 달하므로, 인적인 손실로써 경시할 수 없다"는 기록을 남겼습니다. 나아가 학살에 대해서는 "대규모 재해 시에 발생한 최악의 사태"로 이야기하고 있습니다.

■ 사건 미해결, 정부는 사회를

전후, 재일 한국조선인들과 일본인들의 손에 의해 각지에서 희생자 추도행사가 열렸습니다. 그러나 시민의 노력에도 불구하고, 지금껏 희생자의 이름조차 거의 파악할 수 없습니다.

다나카 씨는 강조합니다. "이는 정부가 유언비어를 확산시켜 군과 경찰이 조선인을 학살하고, 그 책임을 추궁 받는 것이 두려워 사건을 은폐했기 때문입니다. 이 사건은 미해결 상태이며, 국가는 스스로의 책임을 인정하며 유족에게 사죄하고, 감춰진 진상을 밝혀야 할 것입니다." 또한 "이 사건에서는 조선인 이외에도 중국인, 일본인까지 살해당했습니다. 재해가 일어나면 가능한 한 많은 인명을 구해야한다는 기본에서 출발하지 않으면 관동대지진 때와 같은 일이 다시 일어날 수 있습니다" 라고 말을 맺었습니다.

2016년 9월 2일자 야마자와 타케시, 2017년 9월 2일 와카바야시 아키라

7

강제연행과 전후보상

(1) 중국인 강제연행
— 사죄하고 "다음 세대에 사실을 전한다"

① 미쓰비시 마테리얼과 피해자가 화해

아시아태평양 전쟁 중, 일본정부는 노동력 부족을 보충하기 위해 중국인과 조선인을 강제로 끌고 와 일본기업의 탄광과 건설현장 등에서 가혹한 노동을 시켰습니다.[16] 그 수는 중국인만 약 4만 명에 달합

---

16 중국인 강제연행강제노동＝외무성의 「중국인 노동자 취로 사정 조사 보고서」(1946년)에 따르면, 아시아·태평양전쟁 당시 3만 8,935명의 중국인이 강제 연행되었습니다. 35개 기업이 경영하는 135개 사업장(탄광, 항만, 발전소 등)에서 중노동을 강요당했습니다. 6,834명(1959년, 후생성)이 질병이나 낙반 등의 사고로 목숨을 잃었습니다.

니다. 2016년 6월, 중국인에게 강제노동을 시킨 가해기업 중 하나인 미쓰비시 마테리얼이 중국인 피해자들과 화해했습니다. 피해자들은 어떤 입장일까요.

■ 한 단체는 거부

거대 금속 메이커, 미쓰비시 마테리얼(본사·도쿄)은 6월 1일 중국의 전 노동자(노공)등과 베이징에서 화해했습니다. 이에 따라 미쓰비시 측이 피해자 1인당 1만 위안(약 170만 엔)을 지불했습니다. 주요 화해 사항은 아래와 같습니다.

▶ 인권침해 사실과 역사적 책임을 인정하고, 깊이 사죄

▶ 사죄의 증표로써 피해자 1인당 10만 위안 지불

▶ 구 미쓰미시 광업의 사업소 유적에 기념비를 세우고, 추도사업 진행

▶ 소재가 판명되지 않은 노동자들에 대한 조사 진행

▶ 화해사업을 진행하기 위한 기금 설립

화해를 맞아 미쓰비시는 '사죄문언'을 발표했습니다. "인권이 침해된 역사적 사실을 솔직하고도 성실하게 인정하고, 통절하게 반성하는 뜻"을 표명하고 "중대한 고통 및 손해를 끼친" 것에 대해 "역사적인 책임을 인정", "심심한 사죄"의 뜻을 표했습니다. 또한 "다시는 과거의 과오를 반복하기지 않기 위해, 기념비의 건립에 협력하고, 이 사살을 다음 세대에게 전할 것을 약속"했습니다.

화해의 대상이 된 것은 미쓰비시 마테리얼의 전신, 미쓰비시광업(당시 탄광금속광업)의 하청을 포함한 관계 사업장에서 일을 하게 되었던 중국인 노동자 3,765명입니다. 그 수는 일본 국내에 강제 연행된 중국인의 약 10퍼센트에 달해 인원수로는 최대 규모였습니다. 미쓰비시 측은 이미 11명의 노동자 본인에 대한 지불이 끝났다고 합니다.

피해자유족 6개 단체 가운데 5개 단체가 화해를 수용했고, 나머지 한 개 단체는 사죄문 등에 불만이 있다며 거부했습니다.

② "성의 있는 사죄와 배상을"

■ 허술한 식사로 허기에 시달려

—화해 조인식에 출석한 피해자 얀유청(閻玉成) 씨(86)

1944년 7월, 14세 때 고향 허베이 성 친황다오(秦皇島) 시의 마을에서 일본군에게 붙잡혔어요. 후쿠오카 현 이즈카(飯塚) 시의 미쓰비시 이즈카 탄광에서 약 1년간 일했습니다.

석탄 채굴부터 화물운반까지 뭐든 해야 했습니다. 휴일도 없이, 매일 10시간 이상을 일했습니다. 하루 세 끼 식사는 작은 만터우(饅頭) 두 개뿐. 언제나 배가 고팠습니다.

가혹한 노동 때문에 많은 사람들이 과로나 질병으로 목숨을 잃었습니다. 같은 배를 타고 끌려온 189명 중에 23명이 희생되었습니다.

1945년 12월 겨우 귀국할 수 있었습니다. 모친은 외아들인 제가 갑자기 사라지는 바람에 이곳저곳 찾아 헤매다 쇼크로 정신질환에 걸리셨습니다. 그리고 돌아가실 때까지 지워지지 않는 마음의 상처로 고통을 받으셨어요.

이번에 미쓰비시 마테리얼이 역사적 사실을 인정해서 저는 화해를 받아들이게 되었습니다. 그렇다고 화해가 만족스러운 건 아닙니다. 우리는 강제연행 문제와 관련한 일본정부의 책임을 계속 추궁할 것입니다. 다른 일본의 가해 기업도 사실을 인정하고, 피해자들과의 화해에 적극적으로 임해주었으면 합니다. = 안후이(安徽) 성, 준난(淮南)

■ 하루 종일 얻어맞다가 숨진 동포
— 재판을 통한 해결을 요구하는 유쉬자(劉仕札) 씨(90)

1944년 8월에 허베이 성 탕산(唐山) 시 롼(滦) 현에서 일본군에게 붙들려 홋카이도의 미쓰비시 비바이(美唄) 탄광으로 끌려갔습니다. 중국인 300명을 숙소에 집어넣고, 100명씩 3개 반으로 나누었습니다. 저는 3반에 소속되어 '73번'이라는 번호로 불렸습니다.

탄광에서의 생활은 힘들었습니다. 매일 12시간씩 하루도 쉬지 못하고 일을 해야 했으니까요. 하루 세 끼 식사는 옥수수와 감자, 호박을 섞어 만든 만터우 2개. 다들 야위어 뼈와 가죽만 남은 상태였습니다.

겨울에도 얇은 옷밖에 없었습니다. 300명 가운데 30명 이상이 영양실조와 과로로 목숨을 잃었습니다.

중국인은 '고력(苦力)', 노예와 같은 존재인데 반해 일본인 감독관의 태도는 거만한 '장교' 같았습니다. 어느 겨울날, 도망을 치려다 붙잡힌 양(楊) 씨가 나체로 묶인 상태에서 본보기로 사람들 앞에서 몽둥이로

두들겨 맞았습니다. 때리다 지치니 보고 있던 중국인에게 매를 쥐어줬습니다. 그렇게 하루 종일 매를 맞던 양씨는 고통으로 신음하다 다음날 숨을 거뒀습니다. '장교'와 같은 태도의 화해는 받아들일 수 없습니다. 금액이 문제가 아니라 일본정부와 가해 기업이 성의 있게 사과하고 배상하는 것이 필요합니다. 재판을 통해서 정의를 회복하고 싶습니다. = 허베이 성, 탕산

■ "만년까지 이어졌던 고통에 사죄를"
—선친이 홋카이도에 강제 연행되었던 판잉(潘英) 씨(59)

제 아버지 판징슈(潘景秀, 2008년 89세를 일기로 서거) 씨는 1944년 7월 허베이 성 탕산 롼현의 탄광으로 출근하던 중 일본군에게 붙들렸습니다. 톈진의 항구에서 도망치다 오른쪽 허벅지에 관통상을 입어, 상흔이 평생 남아 있었습니다.

홋카이도의 미쓰비시 비바이 탄광에서 일하면서 추위 때문에 류마티스 관절염에 걸렸습니다. 만년에는 관절통 등으로 고통 받았습니다. 6월 말에 베이징 시 제1중급 인민법원(지방재판소)에 제소를 했는데, 일본 측의 성의 있는 사죄와 배상을 요구합니다. = 허베이 성, 탕산

③ "정부가 책임지고 전면해결을"

─중국인 강제연행강제노동 사건 전국 변호인단 간사장, 변호사 마쓰오카 하지메(松岡肇)[17] 씨

미쓰비시 마테리얼은 인권침해를 명확히 인정하고 사죄했습니다. 과거 세 건의 화해가 있었지만, 인권침해와 관련해서 책임을 인정한 것은 처음입니다.

심지어 여당 국회의원 중에도 중일 양국의 관계개선을 위해 "화해를 통해 해결해 가야 한다"는 의견을 내는 경우가 나오고 있습니다. 이번 화해성립은 일본과 중국의 진정한 역사화해를 실현시키는 데 귀중한 이정표가 될 것입니다.

애초에 중국인 강제연행강제노동 사건은 외무성이 스스로 작성한 보고서가 이미 존재하는 까닭에 논쟁의 여지가 없는 사실입니다.

1995년부터 일본 각지에서 15건의 배상 청구 소송이 진행되었습니다. 최고재판소는 2007년, 니시마츠(西松)건설 사건에 관한 중일 공동성명(1972년)에서 원고 측이 재판상 청구권을 상실했다고 해서 피해자 측의 배상청구를 기각했습니다.

하지만 그런 가운데서도 정부를 포함한 관계자의 "피해자 구제를 위한 노력이 기대된다"는 말이 첨가되었습니다. 재판소도 사실 자체는

17　1931년 생. 1999년부터 중국인 강제연행강제노동 사건 후쿠오카 소송에 뛰어들어 화해
　　성립을 위해 노력을 기울이고 있다. 저서로 『중·일 역사 화해의 길』, (고분켄·高文研)이
　　있다.

모두 인정한 것입니다.

정부는 중일 공동성명을 통해 "해결이 끝난 것"으로 간주하는 자세를 유지하고 있습니다. 그러나 이번 화해를 계기로 정부의 주도와 책임으로 가해 기업은 물론, 경제단체 등까지 참가, 피해 노동자 약 4만 명을 대상으로 하는 전면해결에 나서야 할 것입니다.

나치스가 동유럽 사람들에게 강제노동을 시켰던 독일에서는 정부와 기업이 출연한 '기억·책임·미래기금'이 설립되어(2000년), 피해자에 대한 보상금을 지불해왔습니다.

우리 변호인단은 이 기금을 참고한 전면해결 구상을 제언(2004)한 바 있습니다. 제언에는 일본정부와 기업이 책임을 인정·사죄하고, 그 증표로써 기금을 설립, 이 기금을 생존 피해자, 혹은 유족들에 대한 사죄금(謝罪金) 외에, 사건의 조사·연구·교육 등에 활용해야 한다는 주장이 담겨 있습니다.

2016년 9월 11일자 일요판, 모토요시 마키, 중국에서 고바야시 타쿠야

(2) 일본의 전쟁 책임을 뒤집어 쓴 한국인
— 'BC급 전범'이라며 사형판결을 받았던 이학래(李鶴來) 씨

일본군 BC급 전범이라며 일본의 전쟁책임을 뒤집어 쓴 재일한국인 이학래(李鶴來) 씨(91, 도쿄도 거주). 이 씨의 인생에는 어떤 일이 일어났을까.

■ 전쟁 중에는 '일본인'으로 군대에

이 씨는 1925년 2월, 지금의 한반도 남서부 산간마을에서 태어났습니다. 이 씨가 "일본이 조국을 집어 삼켰다"고 표현한 '한국병탄'(1910년)으로부터 15년 후의 일이었습니다. 한반도를 중국침략의 '병참기지'로 만든 일본. 중국에 대한 침략을 전면화하고 '황민화 정책'(강제적인 일본인화 정책)을 한층 강화했습니다.

일본은 1941년 12월, 아시아·태평양전쟁에 돌입하고, 동남아시아에서 연합국의 포로를 대량으로 포획했습니다. 이로 인해 한반도와 타이완으로부터 '포로감시원' 모집을 결정했습니다. (1942년 5월)

인원을 할당 받은 마을 관공서에는 당시 17세이던 이 씨를 모집에 응시하도록 했습니다, 실질적인 강제징용이었습니다.

1942년 6월에는 3,000명이 넘는 조선인들이 '일본인' 군속으로 일본군에 입대. 이 씨는 '창씨개명' 한 히로무라(廣村)라는 이름으로 타이 포로수용소에 보내졌습니다. 포로들은 일본군이 미얀마(당시는 버마)에 대한 보급로 확보를 위해 만든 타이멘(泰緬)철도 건설에 동원되었습니다.

"질병에 시달리는 포로까지 파견해야했다"는 이 씨. 열악한 환경과 중노동으로 다수의 오스트레일리아 포로가 목숨을 잃었습니다.

■ 종전 기뻐했지만 전후에는 보상 대상에서 제외

이 씨는 1945년 8월, 타이에서 종전을 맞았습니다. '어서 고향에 돌아가고 싶다'며 해방을 기뻐한 것도 잠시, 연합국으로부터 '포로학대' 혐의로 BC급 전범재판에 회부되었습니다.

이학래 씨

싱가포르의 전범재판에서 사형판결을 받는 순간 "머릿속이 하얘지는 느낌이었다"고 합니다. 8개월 후 감형되어 스가모(巢鴨)구치소로 송환, 1956년에야 출소할 수 있었습니다. 그러나 어느새 이 씨를 '일본 협력자'로 비난하던 고향에는 돌아갈 수 없었습니다. 일본에 있는 독지가의 도움으로 동료들과 함께 택시 회사를 설립, 필사적으로 살아왔습니다.

이 씨 등은 '일본인'으로 동원되었음에도 불구하고, 그런 '일본인'이라면 받아야 할 원호(援護)와 보상에서 일절 제외되었습니다. 1952년 샌프란시스코 강화조약이 발효되자 조선과 타이완의 사람들은 일본 국적이 박탈되어 '외국인'으로 취급되었기 때문입니다.

"일본정부는 자신들의 형편에 따라 '일본인'이라며 우리를 이용했으면서, 원호나 보상의 대상에서는 제외시켰습니다. 너무나 부조리하지요."

'일본인 전범'으로 사형을 언도받은 임영준(林永俊) 씨는 사형 집행 전, 이 씨에게 "하야시라는 인간이 그렇게 나쁜 인간은 아니었다는 것을 알려달라"는 말을 남겼습니다. 이 말은 지금도 이 씨의 가슴에 남아 있습니다. "일본인 전범은 나라를 위해 죽는다는 명분이라도 있었지만 우리는 그것도 아니었어요." 이 씨는 이금 이 순간에도 "도대체 누구를 위해, 뭘 위해서?"라는 물음을 던지고 있습니다.

타이멘철도 현장에서 함께 일하던 조선인 포로 감시원. 왼쪽 끝이 이학래 씨. '동진회(同進會)를 응원하는 모임' 제공

이 씨는 60년 이상 일본정부에 부조리를 바로잡아 달라는 요구를 해왔습니다. 국회의원을 찾아가 계속 요청도 하고 있습니다.

"죽은 동료들의 명예를 회복해서 원통함을 풀고 싶습니다. 그것이 살아남은 저의 책무입니다."

2016년 5월 22일자 일요판, 모토요시 마키

2부

가해와 피해의 역사를
응시하며

1

오키나와 전투의 비극

(1) 오키나와 전투, PTSD

1945년 3월 26일, 미군은 오키나와 현 게라마(慶良間)제도에 상륙했습니다. 주민들까지 휘말린 처참한 지상전이었던 오키나와 전투. 미군의 공격, 일본군에 의한 학살 '집단자결(강제집단사)' 등으로 현민 4명 중 1명이 희생되었습니다. 당시 살아남은 사람들은 72년이 지난 지금도 PTSD에 시달리고 있습니다.

① "집단자결로 가족 6명을 잃었다"
─ 긴조 에미코(金城惠美子) 씨(85)

"혼자 있을 때면 전쟁에서 겪었던 일들만 떠오릅니다. 늘 눈물이

긴조 에미코 씨

나서…"

전쟁이 끝난 뒤에도 마음속에 언제나 오키나와 전투의 고통을 안고 살아온 긴조 에미코 씨(난조·南城 시)는 매일이 PTSD와의 싸움입니다.

13세 때 도카시키(渡嘉敷) 섬의 '집단 자결'로 어머니와 다섯 명의 남동생과 여동생을 잃었습니다. 막내 남동생은 한 살이었습니다. 당시 16세였던 언니는 '자결'이 시작되자 뒤에서 느닷없이 칼로 목이 그어지고 등 뒤로부터 칼에 찔렸습니다. 자상이 가슴을 뚫고 나올 정도였습니다. 2006년 별세할 때까지 언니는 당시의 상처 때문에 정신적·육체적 고통에 시달렸습니다.

도카시키 섬은 1945년 3월 23일부터 미군에 의한 공습과 소이탄 폭격, 함포사격으로 부락과 야산에 심한 화재 피해를 입었습니다. 미군은 나흘 뒤인 27일 오전부터 섬에 상륙을 개시했습니다. 일본군은 섬 북쪽의 니시(北)산을 중심으로 진지를 구축했습니다.

긴조 씨는 부친이 오키나와 방위대에 소집되어, 어머니와 함께 피난했습니다. "세찬 비가 내리는 와중에 밤새도록 산길을 걸어 니시산으로 이동했다"고 증언합니다. 일본군 부대가 주민 피난과 관련, "진지 북방의 분지로 피난하도록 지시"(『오키나와 방면 육군 작전』, 방위청 방위연수소 전사실 저)했기 때문입니다.

이튿날인 28일 아침 긴조 씨 일가가 니시 산에 도착하자 이미 다수

미군의 포로가 된 자마미(座間味) 섬 주민들, 1945년 3월 27일(오키나와 평화 기념 자료관 제공)

의 주민들이 집결해 있었습니다. 일본군이 각 가족들에게 수류탄을 나눠주었습니다. 하지만 무슨 이유인지 아버지가 빠져 있던 긴조 씨 일가에게는 나눠주지 않았습니다.

미군이 접근해오고 있다는 정보가 전해지자 주민들은 각각 "천황 폐하 만세"를 외치며 '자결'했습니다. "여기저기서 폭발음과 비명이 울리면서 아비규환이 되었다"는 긴조 씨. 근처에 있던 여성의 도움으로 현장에서 빠져나올 수 있었습니다.

일본군이 강제로 주민 가족들을 서로 죽이도록 했던 '집단자결'. "일본군이 없었다면 자결할 이유는 전혀 없었습니다. 정부가 책임을 졌으면 좋겠어요."

긴조 씨는 "언니의 억울함을 풀어주고 싶다"면서 올해(2017년) 2월,

오키나와 전투 민간 피해자에 대해 국가의 사죄와 배상을 요구하는 '오키나와 피해·국가배상 소송'에 증인으로 출석, 당시 상황에 대해 말했습니다.

② 미·일 두 나라 군대 사이에서 희생
―'버림돌'이 되어버린 주민 9만 4천 명

미군은 1945년 3월 23일, 오키나와 본섬 서부 약 40킬로미터 지점의 게리마(慶良間)제도, 27일에는 도카시키 섬에 상륙했습니다.

4월 1일에는 오키나와 본섬에 상륙, '철의 폭풍'이라 불리던 격렬한 포격이 주민들에게까지 사정없이 퍼부어졌습니다. 일본정부가 본토방위와 천황제 존속을 의미하는 '국체호지(國體護持)'를 위해 오키나와를 '버림돌'로 삼은 것입니다.

오키나와 수비군(제32군)은 일반 남성과 중등학교 남녀학생을 방위대와 학도대로 모조리 동원했으며 주민의 식량을 강탈하고 울음을 멈추지 않는 유아들을 살해했습니다.

9월 7일, 오키나와 수비군이 항복조인을 하자 오키나와 전투는 정식으로 종결되었습니다. 미일 두 나라의 사망자는 20만 명을 넘었는데, 그 중 일반 주민 9만 4천 명이 희생되었습니다.

■ 일본군이 없었던 마에시마(前島)―미군에 투항, 희생 없어
"집단자결은 일본군에게 강요당한 '집단사'였습니다."

제32군은 '군관민 공생공사의 일체화'를 작전의 기본방침(1944년)으로 삼고, 주민들에게 '죽음'을 강요했습니다. 나아가 그들은 주민들에 대해 "미군의 포로가 되면 여자는 강간 살해 당하고, 남자는 옷이 찢긴 채로 전차에 치어 죽게 된다"고

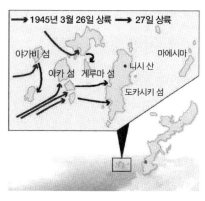

게리마제도의 미군침공 약도

세뇌를 해 살 길을 막아버렸습니다.

일본군과 주민이 혼재해 있던 지역이나 섬에서는 '집단자결'이 일어났습니다. 최대의 희생자를 낸 곳은 격전지였던 중남부와 이에지마(伊江島), 게리마제도의 도카시키, 자마미, 게루마, 야가비 섬 등에서도 발생했습니다.

일본군이 없었던 마에시마 등에서는 미군이 상륙한 뒤 주민이 집단으로 투항했기 때문에 희생자가 나오지 않았습니다.

③ 오키나와 전투 체험자 4할이 심각한 트라우마
—후쿠시마 현 아이마(相馬) 시 멘탈 클리닉 나고미(なごみ) 원장, 정신과 의사, 아리츠카 료지(蟻塚亮二) 씨

저는 2004년부터 2013년 봄까지 오키나와 협동병원의 심료내과(心療內科)에서 진료를 했습니다. 당시 '기묘한 불면'을 호소하는 환자들

이 줄을 이었습니다.

불면에는 잠들지 못하는 '수면곤란'과 한밤중에 눈이 떠지는 '중도 각성'이 있습니다. 그러나 오키나와의 고령자들이 호소한 것은 한밤중에 몇 번이나 눈이 떠지는 불규칙한 불면이었습니다.

한 사람 한 사람에게 오키나와 전투의 체험에 대해 물었더니 다들 처참한 기억을 털어놓았습니다. 수면 중에도 '언제 살해당할지 모른다'는 전시의 긴장상태가 남아 있는 까닭에 빈번하게 각성을 반복하는 과각성(過覺醒) 불면 증상을 보인 것입니다.

오키나와에서는 6월 23일 '위령의 날'이나 추석 무렵, 우울증 상태에 빠져 잠을 자지 못하는 고령자들이 많습니다.

■ 70년 이상이나

검진에서 긴조 에미코 씨는 산의 형상을 보는 것만으로 '집단자결'의 현장이 떠올라 고통스러워진다고 말했습니다. 중증 PTSD가 70년 이상 이어진 것으로 보입니다. 지금도 쓰러지지 않을까 걱정될 정도입니다.

또 다른 여성은 72세 때 외아들을 잃은 것을 계기로 불면과 환청 증세를 보였습니다. 잠을 자고 있을 때 누군가가 발을 만지는 것 같은 환각, 사체 냄새의 플래시백. 결국 하반신에 힘이 들어가지 않아 걸을 수 없게 되었습니다.

여성은 오키나와 전투의 미군 함포사격 당시, 사체를 밟으며 도망쳤던 경험이 있었습니다. 그 당시의 트라우마가 '걸을 수 없다'는 신체화

(身體化) 장애를 일으킨 것입니다. 궁지로 내몰렸던 전시의 기억은, 근친자의 죽음이나 환경의 변화, 노후의 일선 후퇴 등을 계기로 다시 고개를 들기 시작합니다.

■ 미군 사건으로

오키나와 전투로 인해 주민의 삶의 터전은 전쟁터로 뒤바뀌었습니다. 상상해 보십시오. 내가 사는 동네에 포탄이 날아들어 사람들이 산산조각 나고, '귀축(鬼畜)'이라며 두려워하던 미군이 들이닥친다면 어떻겠습니까. 한편 '우군'이라는 일본군들도 호에서 주민들을 쫓아냈습니다. 방언을 이해하지 못하는 일본군에게 스파이 취급을 받아 죽임을 당한 사람도 있었습니다. 주민들은 끊임없이 미군과 일본군이라는 두 '공포' 사이에서 고통을 받았습니다. 그것이 PTSD의 발병률을 높인 것입니다.

오키나와 사람들은 전후에도 미군의 통치하에 삶의 터전을 빼앗겼습니다. 반복되는 미군 관련 사건·사고, 군용기의 폭음 등이 끊임없이 마음의 상처를 덧나게 합니다. 상처는 지금도 아물지 않고 있는 것입니다. 오키나와 전투의 기억이 현재진행형으로 마음의 고통을 주고 있습니다.

■ 남수단에서 돌아온 자위대원들도

아리즈카 씨는 2017년 2월에 설립된 '해외 파견 자위관과 가족의 건강을 생각하는 모임'의 공동대표를 맡아 자위대원과 가족에게 의료지원을 제공하는 활동을 시작했습니다. 아베 신조 정권은 남수단에

PKO로 파병되었던 육상자위대를 5월 말 철수하기로 결정했습니다. 아리즈카 씨는 귀환병 중에 자살자가 나오지 않을까, 위기감을 가지고 있습니다.

"귀국한 아버지나 아들이 뭔가 이상한 증세를 보이거든, 가족뿐만이 아니라 주변인, 혹은 지역의 여러분들께서도 혹시 PTSD가 아닐까 의심해보시기 바랍니다."

2017년 3월 26일자 일요판, 모토요시 마키

(2) 1944년 '10·10 공습'
— 오키나와 전투 피해 국가 배상 소송 원고단 단장 노자토 치에코(野里千惠子)씨

노자토 치에코 씨

'10·10 공습'은 오전 6시 40분 제1파에서 오후 3시 45분 제5파까지 파상적으로 이어졌습니다. 총 1,396기의 미군 함재기가 남서제도를 공격, 군인·민간인 구분 없이 폭탄과 소이탄을 투하, "모든 것을 다음 날까지 활활 태워"(『오키나와 방면 육군 작전』)버렸습니다.

체험자는 "앞의 비행기가 소이탄을 투하하자, 뒤따라 온 2대가 좌우

10·10 공습 당시 나하 항과 구시가지, 1944년 10월 10일(오키나와 공문서관 제공)

에서 기총소사", "길 한가운데서 17·18세 무렵의 딸이 숨이 끊어진 모친의 사체 곁에서 오열했다"고 증언합니다. (나하 시 자료 등 참고)

군인·군속 전사자는 제32군 관계부대에서만 136명, 해군부대 82명, 육군 관련 인부 약 120명 등이었습니다. 주식인 쌀은 주민 전체가 한 달을 생활할 수 있을 정도의 양이 사라졌습니다. 1개월 뒤인 11월 18일, 32군은 '군관민 공생공사의 일체화'를 지시했고 이에 따라 주민들은 스파이 취급을 받는 가운데, 투항도 불허된 채 군명(軍命)에 따라 주민들끼리 서로 죽고 죽이는 형태의 '집단자결'로 내몰렸습니다.

■ 불타는 나하, 아버지의 지시에 따라 북부로 피난

당시 8세였던 노자토 치에토 씨(80)는 아침식사를 마치고 학교에서 지도(支度)를 하고 있었습니다. 그래서 공습경보를 알아차리지 못했습니다. 폭음 등 이변을 느낀 것은 노자토 씨의 모친이셨습니다. "여보, 오늘은 비행기 소리가 이상해요."

잠시 후 폭음이 들리고 아버지가 지붕에 올라가 보니, 인근의 나하항에서 검은 연기가 피어오르기 시작했습니다. 아버지는 "위험해! 다들 방공호로 들어가!" 하고 말했습니다. 노자토 씨는 양친, 그리고 두 사람의 남동생과 함께 뜰 한쪽의 방공호로 피난했습니다.

"무시무시한 폭격소리 때문에 무서움 외에 아무런 생각도 들지 않았다"는 노자토 씨. 방공호에 내내 몸을 숨겼습니다. 폭격이 멎은 뒤 아버지를 제외한 네 사람의 가족은 4킬로미터 동쪽에 살고 있던 지인 댁으로 피난했습니다. 어머니가 당시 네 살이던 남동생을 업고, 노자토 씨는 여섯 살이던 남동생의 손을 잡아끌며 불바다가 된 나하항을 등지고 도망쳤습니다. "뜨겁게 내리 쬐이는 햇빛 때문에 힘들었다"고 술회합니다.

지인 댁에 도착하고 얼마 되지 않아 공습경보가 울려 다시 방공호로 들어갔습니다. 저녁 무렵 폭격이 마무리 되어 방공호 밖으로 나와보니 온통 새빨갛게 불타오르는 나하 시가지가 보였습니다. 석양의 색깔도 다르지 않았습니다. 노자토 씨는 중얼거렸습니다. "태양까지 불타버렸구나."

며칠 뒤, 아버지의 지시에 따라 본섬 북부로 피난했습니다. 노자토 씨는 "이때부터 오키나와 전투의 기억이 시작되었다"고 합니다.

이듬해인 1945년 4월 오키나와 본섬에 미군이 상륙. 그 후로부터는 산에서 산으로 도망을 다녔습니다. 가족들을 놓치거나 벼랑에서 떨어지지 않도록 어머니와 몸에 감은 띠를 연결했습니다. 그렇게 한치 앞도 볼 수 없는 캄캄한 어둠 속에서도 필사적으로 걸었습니다.

일본군 방위대원이던 아버지는 아직도 행방불명 상태입니다. 산에서 헤어진 숙부도 행방불명이 되어 노자토 씨는 "일본군이나 미군에게 살해되지 않았을까" 추측할 뿐입니다. 근처에 살던 조모도 10·10 공습 당시 딸과 손자들이 걱정되어 집을 뛰쳐나왔다가 역시 행방을 알 수 없게 되었습니다. 어머니는 전후, 보상 인정도 받지 못한 채 돌아가신 조모와 관련해서 내내 "개죽음이었다"며 분개했습니다.

노자토 씨는 전쟁 당시는 물론 그 이후에도 내내 자식들의 목숨을 지키고 보살펴주신 어머니의 강함에 감사하고 있습니다. 또한 그런 어머니의 뜻을 이어 미보상(未補償) 오키나와 전투 피해자와 유족이 일본 정부에 사죄와 배상을 요구하는 재판(오키나와 전투 피해 국가 배상 소송)의 원고단장을 맡고 있습니다.

"정부는 민간피해자를 방치하지 말고, 전쟁에 대해 책임을 져야 합니다."

2017년 10월 16일자 일요판, 모토요시 마키

(3) 이제야 밝혀진 소년 비밀 부대, '호향대(護郷隊)'의 비극

① 본토 결전 늦추기 위한 '버린돌'로
―일본군 궤멸 뒤에도 교란전

6월 23일. 72년 전 오키나와 전투에서 일본군의 조직적 전투가 끝난 어느 날이었습니다. 오키나와 전투 당시 지역의 소년들로 편성되어 악전고투의 싸움에 내던져진 비밀부대가 있었습니다. 지금까지 그늘에 묻혀 있던 이 부대에 관한 내용은 그로부터 43년째 되는 2017년 3월 발행된 오키나와 현사(縣史)에 처음 기술되었습니다.

■ 14~18세 소년 약 1천 명

그 비밀부대는 '유격대', 그러나 특성을 은폐하기 위해 '호향대'로 불렸습니다.

오키나와 전투가 벌어지기 전인 1944년 10월부터 오키나와 본섬 북·중부의 14~18세 소년들을 소집해 조직했습니다. 지휘를 맡은 것은 무라카미 하루오(村上治夫) 중위(이후 대위 진급) 등 육군 나카노(中野)학교 출신자 42명. 이 학교는 첩보·방첩·모략 등 특수임무를 맡는 요원의 양성기관이었습니다.

무라카미 중위 등이 오키나와로 내려온 것은 1944년 9월. 현사에서 호향대에 관한 기술을 담당한 가와미즈 아키라(川滿彰) 씨(나호·名護 시 교육위원, 시 역사 편찬 담당)는 "이 42명이 오키나와에 배속된 시점에서 오키나와는 이미 본토 결전의 '버린돌'이 되었다고 할 수 있다"고 지적합니다.

　왜일까요. 이 부대의 목적이 제32군 궤멸 뒤에도 점령 미군의 후방을 교란시킴으로써 본토 결전을 늦추는 유격(게릴라)전을 벌이는 것이었기 때문입니다.

■ 산중으로 숨다

　소집된 소년들은 약 1,000명. 본섬에 미군의 상륙이 시작된 1945년 4월 1일 시점에 '제1호향대'는 주로 타노(多野)산과 나호산에, '제2호향대'는 주로 온나(恩納)산에 배치되었습니다. (지도) 산속에 숨어 있다가 미군 진지를 습격하는 등 게

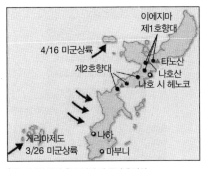

* 「오키나와 방면 육군 작전」에 근거해 작성.
1945년 4월 1일 경 호향대 배치도

릴라전을 전개했으며 미군이 활용하지 못하도록 자신들이 사는 부락의 집들을 불태우고 주민들이 사용하는 다리도 폭파했습니다.

　그밖에 집합에 늦거나 스파이로 규정되어 상관 명령으로 사살된 대원도 있었고 쇠약해져 움직이지 못하는 부상병을 군의관이 사살했다는 증언도 있었습니다.

　"고향은 우리 손으로 지킨다"고 전의를 고양시키기 위해 '호향대'라는 이름을 붙였지만 실상은 호향대를 통해 "내 고향을 내 손으로 파괴해버렸다"고 가와미츠 씨는 말합니다.

전사자는 162명. 비밀부대였기 때문에 사진조차 찾을 수 없습니다. 가와미츠 씨는 10년 이상 조사연구를 계속해왔습니다. "당시 '대본영'은 주민이 어떻게 전투에 휘말리든 그 피해에 관심을 두지 않았습니다. 오키나와 현 주민들에 대해 아무 생각이 없었던 겁니다."

■ 오키나와 전투로 네 명 중 한 명 희생

아시아·태평양전쟁 말기에 참혹한 전쟁터가 되어버린 오키나와 현은 지상전으로 주민 네 사람 중 한 사람이 목숨을 잃었습니다.

미군은 1945년 3월 26일 게리마제도, 4월 1일 오키나와 본섬에 상륙했습니다. 미군의 공습과 함포사격은 주민들도 가리지 않고 쏟아져 내려 '철의 폭풍'이라고 불렸습니다.

오키나와 수비군(제32군)은 '군관민 공생공사의 일체화'를 작전의 기본방침(1944년)으로 삼고, 주민들에게 '죽음'을 강요했습니다. 피난장소인 호 등에서도 주민들을 쫓아내는가 하면, 울음을 멈추지 않는 유아가 있으면 "적에게 발각된다"는 이유로 살해했습니다. 방언을 쓰는 주민을 스파이라고 학살했으며, '집단자결'(강제집단사)에 의한 육친끼리의 '상호살육'마저 강요했습니다.

9월 7일 오키나와수비군이 항복에 조인함으로써 오키나와 전투는 정식으로 종결됩니다. 미·일의 사망자는 20만 명을 넘었는데, 그중 일본인 사망자가 18명 이상. 오키나와 현 출신이 12만 명 이상에 달했습니다. (일반주민 9만 4천 명, 군인군속 2만 8천여 명: 현 자료 참조)

② '호향대' 소집자가 고발하는 일본군의 무도함

—기지 소재지는 전쟁터였다. 신기지 건설에 반대한다.

■ 일주일 동안 잠도 재우지 않고 작전 투입, 집합시간에 늦으면 사살

—자키미 세이젠(座喜味盛善) 씨(88)

16세에 입대해서 유격(게릴라) 전의 방법, 엎드려 사격을 하는 훈련 등을 매일 아침부터 밤까지 쉬지 않고 받았습니다. 미군 진지에 폭탄을 던지러 갔을 때, 군용견이 눈치를 채고 짖기 시작하는 바람에 조명탄이 발사되었습니다. 그럴 때는 미군의 총에 맞지 않도록 납작 엎드려 있어야 하는데 공포에 질려 도망을 치다 사살을 당한 소년도 있었습니다.

식량을 모으기 위해 일단 집에 돌아갔다가 정해진 기일에 다시 집

호향대의 기록을 손에 든 자키미 씨

합을 하라는 명령이 내려진 적이 있었습니다. 당시 다른 소대에 있던 아이가 하루인가 이틀 늦게 돌아왔다는 이유 등으로 사살되었다는 이야기를 들었습니다. 당시 일본군은 전투뿐만 아니라 그런 식으로 부하인 제 동기생들을 살해했던 겁니다. 고작 15, 16세인 아이가 늦게 복귀했다는 이유만으로 목숨을 빼앗겼습니다. 지금 생각해도 야만스럽기

짝이 없는 행위였어요.

호향대에 들어가기 1년 전에는 일본군 이에지마 비행장 건설에 동원되었습니다. 미군기의 공습이 있었는데, 저는 운이 좋아 살아남았지만, 옆에서 작업을 하던 친구는 폭풍에 날아가 버렸습니다. 그 공격으로 같은 지역에서 온 40명의 아이들이 사망했습니다.

전쟁은 기지가 있기 때문에 일어납니다. 기지가 있는 곳이 전쟁의 최전선입니다. 그렇기 때문에 우리 오키나와 현민들은 지금 나호 시 헤노코 뿐만 아니라 어디에도 새로운 기지를 건설하는 것에 반대합니다. 우리는 전쟁을 체험하고 패배를 경험해봤기 때문에 압니다. 절대로 기지를 만들어서는 안 된다는 게 제 생각입니다.

■ **자폭 '돌격대'에 선발, 치명상을 입어도 치료는 없었다**

—스케야마 료코(瑞慶山良光) 씨(88)

16세에 입대했지요. 훈련은 포복전진이 많았던 것을 기억하고 있습니다. 건네받은 군복이 성인용이라 헐렁해서 다들 입지 않은 채 반라의 몸으로 훈련했습니다.

우리는 아이들인데 상대해야 할 미군은 20대 중반 정도의 어른들이었기 때문에 무서웠습니다. 상관에게 말대답을 하면 "어디서 말대답이냐, 바보 자식!" 하며 폭력

오른뺨에 난 상흔을 가리키는 스케야마 씨

을 휘둘렀습니다. 정찰을 내보낼 때 길을 모르겠다고 하면 "전투에 길

따위가 어디 있어, 가!" 하면서 또 얻어맞았지요. 미군의 포로가 되지 말라며 '자결'용의 수류탄도 쥐어 주었습니다. 어차피 지는 싸움이라는 건 누구나 알고 있었습니다. 그런데도 목숨을 내던지는 작전에 나가라니 '차라리 태어나지 말았어야 했다'는 생각이 들더군요.

미군의 수류탄 파편에 오른뺨이 뚫려 침이 밖으로 흘러나올 정도 크기의 구멍이 생겼습니다. 그렇지만 치료는 물론 제대로 된 식사조차 할 수 없었지요. 지금도 보조개처럼 상흔이 남아 있습니다. 진지 내에서 총격 소리를 몇 번이나 들었습니다. 군의가 움직일 수 없게 된 부상병을 사살하는 소리였습니다.

전후에도 몇 년 동안은 '전쟁공포증'에 시달렸습니다. 갑자기 전쟁의 기억이 떠오르는 겁니다. 오밤중에 "폭탄이다, 폭탄이야!"라고 소리치며 밖으로 나가 뛰어다녔습니다. 주변에서 이상한 사람 취급을 받아 치료를 위해 정신병동의 독방에 들어가야 했지요.

평화를 위해 헌법 9조를 지켜내야 합니다. 또한 헤노코의 미군 신기지 건설을 용납할 수 없습니다. 다시 기지가 만들어지면 오키나와 본섬 북부의 군사화 및 연습장화가 더욱 진전되어 자연이 파괴되고 사람들의 목숨도 위협에 직면하게 될 겁니다. 전쟁에 관한 이야기를 전함으로써, 사람들로 하여금 전쟁 없는 세상에 살게 되어 다행이라는 생각을 할 수 있게 해주고 싶습니다.

2017년 6월 25일자 일요판, 도쿠치 노리유키(洞口昇幸)·모토요시 마키

2

|

핵무기 폐기의 문을
열어젖힌 피해자들

(1) 고 와타나베 치에코(渡辺千惠子) 씨[1]
— 제2회 원·수폭 금지 세계대회에서 발언

■ 핵무기 금지조약 탄생에 역할

2017년 11월 4일, 나가사키 시의 엔메이지(延明寺)에서 피폭자 와타나베 치에코 씨의 반생을 그린, 합창과 이야기로 구성된 조곡(組曲) 〈평화의 여행으로〉가 연주되었습니다. 핵무기 금지조약 채택과 공연 250회를 기념하는 묘전보고회(墓前報告會). 작곡·지휘를 맡은 소노다

---

1 1928년 생. 16세 때 피폭. 머리와 다리가 휘어 새우 같은 자세로 철골에 깔려 척추를 손상. 며칠 후 허리 아래의 살점이 썩어 들어가기 시작해 모친이 면도칼로 썩은 부위를 잘라내면서 뼈가 드러나는 부분도 있었지만, 부패를 막아 목숨을 건졌다. 그 후 핵무기 철폐 운동에 인생을 바치다 64세를 일기로 서거했다.

테츠미(園田鐵美) 씨(65)는 말합니다.

"치에코 씨가 생전에 너무나 기뻐하셨습니다. '이 곡이 제 대신 이야기해 줄 것'이라고 말씀하시면서."

올해 7월 7일. UN회의에서 핵무기 금지조약이 채택되었습니다. 나가사키 원폭 피해자 협회 부회장 요코야마 테루코(橫山照子) 씨(76)가 말했습니다.

"돌아가신 피폭자 분들께 맨 먼저 말씀드렸습니다. 여러분들이 계셔서 가능했다고. 여러분들이 목숨을 걸고 이야기해주셨기 때문이라고…."

"비참한 모습을 봐 주십시오!"

하반신 불수로 모친인 스가(スガ) 씨 품에 안겨 연단에 오른 피폭자 와타나베 치에코 씨(당시 28세). 치에코 씨도 어머니도 몸이 떨렸다고 합니다. 1956년, 제2회 원·수폭 금지 세계대회(나가사키)에서 3천 명의 참가자가 그녀의 말에 눈시울을 적셨습니다.

나가사키에서 피폭되어 척수가 손상되었습니다. 다리와 허리는 봉처럼 휘어 줄곧 누워서 지낼 수밖에 없었습니다. 10년 동안 어둠 속에 갇혀서 지낸 매일. 세계대회에 참가한 것은 나가사키 피폭 여성 모임 결성으로 외부 세계와 연계해 활동을 시작한 지 얼마 되지 않아서였습니다.

"몇 번이나 죽음을 선고 받고, 또 몇 번이나 죽으려고 했던 저이지만, 도저히 어머니의 사랑을 당해낼 수 없었습니다."

"원폭 희생자는 저 하나로 충분합니다", "세계의 여러분, 부디 원·수폭을 여러분의 힘으로 멈춰주십시오." 모녀는 눈물과 감동의 박수갈채

제10회 원수폭 세계대회 총회에
앞서 개최된 평화행진에 참가한
와타나베 치에코 씨(안겨 있는 사람),
1964년 8월 3일

에 둘러싸였습니다.

"치에코 씨는 이런 말을 하고 싶었겠지요. '사람들은 저에 대해 비참하다고 생각하겠지. 하지만 그렇지 않아. 나를 이런 모습으로 만든 게 누군데?' 그래서 비참하다는 소리를 듣는 모습을 보여줌으로써 '이런 괴로움을 당하는 건 나 하나로 충분하다'고 호소했던 겁니다."

이 말을 한 요코야마 씨는 30세 무렵부터 치에코 씨와 함께 활동해 왔습니다. 그 자신 4세 때 가족과 함께 피폭을 당한 피해자이기도 합니다. 여동생은 장기 입원생활 끝에 44세의 나이로 사망했습니다. "나는 비참하지 않아!"라며 절규하던 여동생의 말이 요즘도 매순간 되살아납니다.

■ 휠체어를 타고 어디든 갔던 치에코 씨

'밝고 긍정적'이라는 평을 듣던 와타나베 치에코 씨. 입원 중에 만난 판화가 우에노 마코토(上野誠) 씨는 이렇게 술회합니다. "제가 거기서 본 것은 머리와 몸통을 가진 하나의 생체(生體)였습니다.", "'이것이 이 사람의 육체적 조건이었나' 하며 숙연해지지 않을 수 없었습니다."[2]

"치에코 씨는 나가사키 피폭 청년·여성 모임에 꼭 출석했습니다. 그때마다 누군가에게 안긴 채 이동해야 했지요."라는 요코야마 씨. 다니구치 스미테루(谷口稜曄) 씨, 청년·여성 모임 회원 등 원폭의 고통을 온몸에 각인한 피폭자들이 교대로 그 임무를 맡아주었습니다.

일반적인 자세로 앉을 수가 없어서 휠체어를 사용하기 위해 아킬레스건을 절단, 뒤틀린 척추를 깎아내는 수술이 필요했습니다. 1976년, 극심한 통증이 동반된 수술과 재활치료를 딛고, 연사로서 국내외를 누볐습니다.

"휠체어를 타게 된 지 얼마 안 된 1978년, 스위스 제네바에서 열린 군비축소 국제회의에서 증언을 하게 되었습니다. 제가 설득을 하는 역할이었지요." 요코야마 씨는 눈을 가늘게 뜹니다.

배리어프리(Barrier Free)[3]가 아니라서 대단히 힘들었어요. 그 뒤에도 뉴욕, 서베를린, 유고슬라비아 등 각지를 다녔습니다.

요코야마 씨는 이동할 때의 고충에 대해 이렇게 말했습니다. "집회

---

2 『원폭의 나가사키』(신주쿠쇼보·新宿書房).

3 장애인이나 고령자 등 사회적 약자들도 편하게 살아갈 수 있는 환경을 만들기 위해 물리적, 심리적, 제도적 장벽을 제거하자는 운동 또는 시책. (옮긴이)

를 위해 도쿄에서 같이 숙박했을 당시, 하복부에 붙였던 거즈를 교환하는 일을 도왔습니다. 몇 년이 지나도 깊은 상처에서 고름이 흘렀어요. 다리만 불편한 게 아니구나. 이동하는 것 자체가 이렇게 힘든 일이구나 하는 걸 알았습니다."

『나가사키에 산다』(와타나베 치에코 저, 신일본출판사)의 후기에서 전일본 원수협(原水協) 사무국 차장 야스다 카즈야(安田和也) 씨는 다음과 같이 말을 이었습니다. "피폭 이후 47년이 지났는데도 여섯 군데의 상처가 곪아 있고, 딱지가 앉아도 이내 떨어져 고름이 흐르는 일이 반복됩니다. 원폭에 의한 고통은 결코 끝나지 않았어요."

나가사키 원폭 마쓰타니(松谷) 소송에서 증언한 지 3개월 뒤인 3월 13일, 치에코 씨는 심부전으로 돌아가셨습니다. "치에코 씨가 명을 줄여가며 증언하신 것을 잊을 수는 없습니다."(같은 책의 후기에서)

2017년 11월 26일자, 데시마 요코(手島陽子)

(2) 고 나고야 미사오(名越操)[4] 씨
― 원폭은 나를 '나뭇잎처럼 불태웠다'

"시청사에 횡단막을 걸어주었으면 해요. 히로시마 카프가 우승하면 바로 걸어주지 않습니까." 신일본부인회 히로시마 현 본부의 UN에서 핵무기 금지조약이 채택된 기쁨에 대해 위와 같이 표현했습니다.

현 본부의 로커에는 1964년부터 매년 발간한 책자『나뭇잎처럼 불타다』가 쌓여 있습니다. 피폭자의 수기와 녹취, 좌담회 등을 게재한 것들입니다. 올해(2017년) 51집이 나왔습니다. 타이틀은 제1집에 실린 나고야 미사오 씨의 수기에서 따온 것입니다. 당시 15세이던 나고야 씨는 폭심지(爆心地)에서 2킬로 떨어진 곳에 자택이 있었습니다. 기둥과 지붕이 무너져 큰 부상을 입은 채로 할아버지와 함께 산으로 도망갔습니다. 9형제 중 넷째이던 여동생은 건물의 소개(疏開)를 위해 동원되었다가 돌아오지 못했습니다. 유골도 찾을 수 없었습니다.

열선과 폭풍에 목숨을 빼앗긴 여동생과 히로시마 사람들에 대해 "모두들 나뭇잎처럼 불타 사라졌다"고 적었습니다.

■ 태어난 아이마저
제1집에 수기를 실은 9명 중 실명을 사용한 것은 미사오 씨를 포함

---

4 15세 때 히로시마 시 우시다초(牛田町, 폭심지에서 2.3킬로미터)의 자택에서 피폭. 1954년 결혼. 1962년 신일본부인회 히로시마 지부 결성에 참가. 1965년부터 피폭 수기집『나뭇잎처럼 불타다』편집위원으로 활동. 56세 때 서거.

1978년 「나뭇잎처럼 불타다」가 원폭 반대, 평화를 지향하는 운동에 공헌했다는 이유로 엘리스 허즈(Alice Herz) 부인 기념 평화기금을 수상. 축하 모임에서 이야기하는 미사오 씨(왼쪽 끝), 오른 쪽 끝이 유카와(湯川) 씨(신일본부인회 히로시마 지부 제공)

한 2명뿐. 미사오 씨도 "누가 일부러 히로시마 여성과 결혼하겠느냐"는 말을 듣는 등, 피폭자라는 이유로 극심한 차별을 받는 시대를 살아야 했습니다.

수기를 계기로 편집위원이 된 미사오 씨. 생계를 위한 일과 육아와 더불어 강연활동에도 분주했습니다. "아침밥도 거르고 출근하는 일이 많아 건강이 걱정이었다"는 전 신일본부인회 히로시마 본부 회장 유카와 히로코(湯川寬子) 씨(83). 결혼 이후 히로시마에 살다 자료관에 가보고 '증언을 해야겠다'는 생각으로 책자 작성을 결심한 사람 중 하나입니다. "오직 히로시마의 우리들만이 할 수 있는 일이니까요."

미사오 씨의 수기를 읽고 편집에 참가하게 된 야노 미야코(矢野美耶古) 씨(86)는 말합니다. "가장 괴로웠던 건 차남 후미키(史樹) 군에 관한 내용 때문이었습니다. 남의 일이 아니었거든요."

후미키 군은 4살 때 백혈병이 발병했습니다. 4킬로미터 떨어진 곳에서 피폭된 야노 씨의 아들도 코피와 빈혈 때문에 자주 병원신세를 져야 했습니다. 후미키 군이 입원해 있을 당시 "신일본부인회의 동료들이 교대로 병상을 지켜주었다"고 합니다. 한편 미사오 씨는 후미키 씨의 일을 공표했습니다. 이 일로 피폭 2세가 처음으로 주목을 받으면서 '태내(胎內) 피폭자·피폭 2세를 지키는 모임'이 발족했습니다.

"20년 전 8월 6일, 눈도 뜰 수 없을 만큼 뜨거운 몇 천 도의 원폭이 저를 태우며 피부 속으로 파고들어와 15년이나 지나 태어난 제 아이까지 태워버린 것입니다." 후미키 씨가 7세의 나이로 숨졌을 당시 미사오 씨가 쓴 일기입니다.

■ 고교생들이 유지를 물려받아

"후미키 군은 바로 우리들"이라고 고교생들이 말했습니다. 히로시마의 야스다(安田)여자고등학교 사회과학연구부입니다. 1976년부터 책자 편집부와 교류. 체험담을 들으면서 함께 공부해왔습니다. 멤버 중 한 사람인 호시노 마사미(星野昌美) 씨(57, 현재는 결혼으로 다무라·田村)는 술회합니다. "후미키 군이 살아있었다면 저와 같은 나이입니다. 피폭 된 지 15년이나 지나 태어난 아이가 왜 전쟁 때문에 죽어야만 했을까. 당시 고등학생이던 제게는 큰 충격이었습니다."

고문이었던 사와노 시게오(澤野重男) 씨(70)는 "미사오 씨가 고등학생들에게 '(후미키처럼) 나도 살고 싶었다는 말을 하며 울음을 터뜨리는 일이 없도록 우리가 힘을 모으자'고 호소하자, 고교생들이 멋지게 답해 주었다"고 합니다.

총리에게 "(UN에서) 핵무기 철폐를 호소해 달라"는 편지를 보내는 가 하면, 피폭된 기와를 채굴해 기념물도 만들었습니다. "스스로 생각한 끝에 운동에 참여하고, 크게 성장해 가는 모습 뒤에 책자를 만든 어머니들이 계셨습니다."

후에 미사오 씨가 몸져 눕자 마시미 씨는 도쿄에서 병문안을 하러 달려오기도 했습니다. 하지만 1986년 미사오 씨는 결국 56세를 일기로 돌아가시게 됩니다. 수많은 고교생들이 밤새 장례식장을 지켰다고 합니다.

그로부터 31년이 지난 올해, UN이 핵무기 금지조약을 채택하는 자리에 일본 피폭자 단체 협의회 사무국 차장 후지모리 토시키(藤森俊希) 씨의 모습이 보였습니다. 미사오 씨의 9형제 중 막내입니다. 미사미 씨는 눈을 크게 떴습니다.

"저는 요즘 나가노에 살면서 후지모리 씨와는 평화학습 등으로 교류하고 있습니다. 그런 후지모리 씨가 세계에 핵무기 금지를 호소하고, 그 조약이 채택되다니. 미사오 씨도 정말 기뻐할 겁니다."

2017년 11월 26일자, 미야코 미쓰코(都光子)

3

'만몽(滿蒙)⁵개척단', 시베리아 억류

(1) '만몽개척단'⁶과 중국 잔류고아
— 국책으로 8만 명 희생

지금의 중국 동북 지방에서 종전까지 13년 동안 존재했던 일본의 괴뢰국가 '만주국'. 그곳에 국책에 의해 일본 전국으로부터 '청소년의용대'까지 포함된 '만몽개척단' 약 27만 명(종전 당시 집계)이 보내졌습니다. 중일 양쪽이 큰 희생자를 냈으며, 중국에 남겨진 잔류고아·잔류부인

---

5 '만몽'이란 만주(중국 동북부)와 내몽골을 지칭하는 것으로, 지금은 내몽골이라 불린다.

6 만몽개척단: 1931년 구 일본육군 관동군이 일으킨 만주사변 당시부터 1945년 종전까지 구 만주(중국 동북부)와 내몽골 지역에 '개척'이라는 미명하에 국책으로 보내진 사람들. 1945년 8월 9일 구 소련군이 '만주'를 공격하자, 관동군은 개척 이주민들을 방치하고 도망쳤습니다. 당시, 개척단 재적자(在籍者)는 약 27만 명. 태반이 노인, 여성, 아이들이었습니다. 도피행 과정에서 약 8만 명이 목숨을 잃었다고 전해집니다.

또한 수도 없습니다. 이 '만몽개척단'의 비극은 왜 일어났을까요.

① '집단자결'에서 살아남았지만 35년 뒤 귀국, 정부 지원 요구
―사토 야스오(佐藤安男) 씨(79)

중국 동북부 시베리아

야마가타 현 다카하타마치(高畠町)에서 아내와 함께 살고 있는 사토 야스오 씨는 "중국어를 할 줄 아는데, 일본어는 잘 모르겠다"며 웃습니다.

1980년 1월, 42세 때 귀국한 잔류고아입니다. 현재 중국 잔류귀국자 야마가타 모임 대표를 맡고 있습니다.

사토 씨의 부모님은 "만주에 가면 약 20헥타르 규모의 토지를 가진 대지주가 될 수 있다"는 정부의 선전 문구에 넘어가 이주했습니다. 현재의 헤이룽장 성 자무쓰(佳木斯) 시 근교에 제9차 반즈팡오키타마고(板子房置賜郡鄉) 개척단으로 들어갔습니다. 학교 하나에 우물이 두 군데 있었습니다.

일본이 종전하던 해 부친이 소집되는 바람에 어머니, 8세 시절의 사토 씨, 6세 남동생, 1세 여동생까지 모두 4명이 잔류하게 되었습니다.

■ 380명 이상이 불바다에서

1945년 8월 9일, 구 소련군이 중국 동북부를 침공. 자무쓰 시로 도망치려 했지만 도중에 무장한 일부 현지인들의 습격을 받아 다시 반 즈팡으로 돌아왔습니다.

근교에 있던 개척단까지 그 숫자는 수백 명에 이르렀습니다.

13일 밤, 개척단은 무장집단에 포위되었습니다. "어쩔 수 없다, 자살하자는 말이 바로 그 때 어디선가 흘러나왔지요. 다 같이 학교 안으로

개척단이 있었던 장소를 가리키는 사토 야스오 씨

들어가 주변에 등유를 뿌리고 불을 붙였어요. 저는 죽기 싫었으니까 제일 뒤에서 창문을 막아 놓은 판자를 떼어내고 가족이랑 같이 나왔습니다. 맨 나중에 나오는데 건물이 무너지는 바람에 등에 화상을 입었지만."

이 집단자결에서 도망친 사람은 30여 명, 나머지 380명 이상이 불바다 속에서 목숨을 잃었다는 사실을 살아남은 여성에게서 들었습니다.

사토 씨 등은 두 달간 수수밭에서 숨어 지냈습니다. 매일 비가 내렸습니다. "그런데 여동생이 자꾸 우는 겁니다. 결국 주변에서 아이가 울면 비적한테 발각될 수 있다는 소리가 나왔지요. 어머니가 아이를 어쩌지 못하니까 다른 여자아이가 안고 가서 죽였습니다." 어머니도 거기서 돌아가셨습니다.

근처 마을에서 남동생과도 헤어진 끝에 가게 된 곳이 그 뒤 사토 씨를 보살펴주신 양아버지 궈신민(郭新民) 씨의 집이었습니다.

'샤오리벤궤이즈(小日本鬼子, 작은 왜적)'이라며 괴롭힘을 당해 3개월 정도 밖에 학교에 갈 수 없었습니다. 17세 때 농장의 마차를 끌게 되었고, 24세 때 중국인 여성(아내 춘지·春子 씨)과 결혼했습니다.

중국의 '문화대혁명' 때에는 "아버지(궈 씨)가 홍위병에게 붙들려서 왜 일본인 아이를 길러주었느냐고 추궁 당했지요. 너무들 했어요." 그로부터 6년 뒤 중국과 일본의 국교가 회복되었고 1978년이 되자 겨우 결심해서 중국 공안국에 귀국 가능성을 타진했습니다. 이듬해 베이징 일본대사관에 편지를 보내자 일본에서 연락이 왔습니다. 다섯 식구가 기쁨의 눈물을 흘렸습니다.

■ **국가 배상 소송에 참가**

1980년 귀국해 다카하타마치로 왔습니다. 심장병으로 입원중인 아버지를 만났지만, 일본어를 알아듣지 못하고 눈물만 흘렸습니다. "9개월 뒤 아버지가 돌아가실 때까지 한 마디도 할 수 없었던 게 지금 생각해도 마음이 아파요."

"일본정부는 귀국 여비를 내주었지만 신원보증인(아버지)이 있으면 끝이라는 태도로 아무런 원조도 해주지 않았습니다. 일본어도 혼자 공부했어요."

"보통의 일본인과 마찬가지로 생활하고 싶다"면서 전국의 잔류고아, 잔류부인들과 함께 국가 배상 청구 소송에 참가했고 야마가타에서는 변호단의 지원을 받아 34명이 소송을 제기했습니다. 2007년 정치적 해결이 이루어져 이듬해 4월에 새로운 지원법이 실시된 덕분에, 사토 씨 등의 생활이 다소 개선될 수는 있었습니다. 중일우호협회 야마가타 현 연합회는 2014년 '평화의 비·중국잔류귀국자 묘원'을 건립하고 사토 씨는 건립위원장까지 맡았습니다.

② 증언 '만몽개척 평화기념관'
─'패배의 유산'을 배워, '올바른 유산'으로

나가노 현 아치무라(阿智村)에 있는 '만몽개척단' 특화 전국 유일 자료관 '만몽개척 평화기념관'(관장 가와하라 스스무·河原進). 교통이 편리하

개척단 재현주택 앞에서 설명을 하는 노구치 지로 씨(만몽개척 평화기념관)

다고는 할 수 없는 곳이지만 연일 버스나 차로 견학을 오시는 분들이 끊이지 않습니다.

"개척단으로 가셨던 분들은 결국 소련 측의 공격이 있었을 당시 일본군에게 버려져 약 8만 명이 돌아가셨습니다." 안내 자원봉사를 하고 계신 노구치 지로(野口次郎) 씨(86)가 내방객들에게 개척단의 역사를 소개하는 코너에서 설명합니다. 체험자들의 영상과 음성도 흘러나옵니다.

■ "평화로운 일본을"

내방객들의 감상을 들어보았습니다.

"눈물이 멈추지 않았습니다. 당시 지도자의 무지가 일본과 중국의 수많은 사람들이 고통을 받는 결과를 낳은 거지요. 평화로운 일본이 되기를 기원합니다."(나가노 현에서 온 남성), "저도 만주에서 돌아왔습니다. 부모님들이 힘드신 중에도 어린 저를 데리고 돌아와 주셨던 것에 감사할 뿐이에요."(미에·三重 현에서 온 여성)

개척단원 2세이신 데라사와 히데후미(寺澤秀文) 기념관 이사는 "만몽개척단이라는 '패배의 유산'으로부터 얻을 교훈이 많이 있다고 생각합니다. 전쟁의 비참함, 평화의 존귀함에 대해 알게 되는 계기가 되어준다면 그것이 '올바른 유산'으로 변화할 수 있을 테니까요"라며 '증언'의 소중함에 대해 말씀하셨습니다.

그렇게 8년의 준비기간을 거쳐 겨우 기념관이 개관(2013년)할 수 있었습니다.

■ **"인간 방패"**

1931년에 중국 침략 전쟁의 발단이 된 '만주사변'이 일본 관동군의 모략으로 일어났습니다. 이듬해인 1932년 청나라 최초의 황제 푸이(溥儀)를 내세워 중국 동북부에 '만주국'을 설립했지만, 실체는 관동군이 실권을 쥔 괴뢰국가였습니다. 관동군은 "이민 백만 호(5백만 명) 이주계획"을 발표. 개척단을 가장 많이 파견한 곳은 나가노 현으로 약 3만 3천 명, 그 중에서도 이이다(飯田)·시모나이(下伊那) 군이 가장 많았습니다.

농가의 여덟 형제 중 삼남이었던 데라사와 씨의 아버지 유키오(幸男) 씨도 정부의 꼬임에 빠져 지린(吉林) 성 스이쿄쿠류(水曲柳) 개척단에 들어갔습니다.

그러나 이 '만몽개척'은 대체로 그 원래의 취지에 맞지 않았습니다. 막상 개척단이 들어간 것은 '만주척식공사' 등이 중국인들의 농지와 집을 반강제적으로 매입해 내쫓은 지역이었기 때문입니다.

"일본군과 정부는 개척단을 '만주' 방위를 위한 '인간 방패'로 쓰기 위해 내보낸 것이었습니다. 소련 국경 부근에 배치된 '만몽개척단 청소년 의용군' 소속의 14~17세 소년들도 그런 역할을 하는 데 이용당했습니다."(데라사와 씨)

구소련이 공격해 왔을 때 관동군은 곧장 '만주'의 4분의 3을 내버려 둔 채 '남만주' 지역으로 후퇴합니다. 버려진 지역에 방치된 노인, 여성, 아이들의 비참한 도피행이 여기서 시작된 것입니다. 데라사와 씨의 큰형은 고작 한 살 때 목숨을 잃었습니다.

종전 직접에 소집되었던 부친은 소련군의 포로가 되어 3년 동안 시베리아에 억류되었습니다. 겨우 귀국해 시모나이 군 마쓰카와초(松川町)의 마스노(增野)지구에 광대한 미개척지를(←원야를) 동료들과 개간했습니다.

데라사와 씨는 말합니다. "아버지는 어린 제게 자주 말씀하셨습니다. '개척을 위해서 정말로 고생을 해 보니 비로소 소중한 밭과 집을 일본인들에게 빼앗긴 중국 농민들의 슬픔과 원통함을 잘 알겠다. 지난 전쟁은 일본이 범한 큰 잘못이었어. 중국인들에게 정말로 고개를 들 수 없는 짓을 한 거야.' 이 말씀이 제가 기념관 건설 운동과 귀국자 지원에 자원 활동가로 나서게 되는 원점이 되었습니다."

2016년 12월 30일자, 야마자와 타케시

(2) 시베리아 억류는 무엇이었나
— 군에 배신을 당하고 이국땅에 잠들다

1945년 8월 23일은 '시베리아 억류'가 시작된 날입니다. 종전 후에 시베리아와 몽골에서 사망한 일본인 등의 제14회 추도집회가 2016년 도쿄 치도리가후치(千鳥ヶ淵) 묘원에서 거행되었습니다. 일본이 침략한 중국 동북부(구 '만주')에서 종전 당시 소련군의 포로가 되어 소련으로

이송된 병사는 약 60만 명. 굶주림과 한파, 강제 '노동'으로 약 6만 명 이상이 돌아오지 못했습니다. 일본정부의 병사들에 대한 노동급여 보상조차 이루어지지 않은 상태에서 많은 분들이 돌아가신 것입니다. 이 시베리아 억류와 관련해 알아보았습니다.

■ 왜 국립 자료관이 없을까

도쿄도청 부근 고층빌딩의 위층에 자리 잡은 평화 기념 전시 자료관. 세 개의 코너 중 하나로 '전후 강제 억류'가 있습니다. 여름방학을 이용해 보호자들과 함께 방문하는 초등학생들이 억류자를 묘사한 그림들을 열심히 보고 있습니다.

관람객들로부터는 "아버지는 중노동으로 동료의 3분의 2가 동사했다는 이야기를 자주 하셨습니다. 다시는 전쟁에 관여하는 일이 있어서는 안 될 것입니다."(79세 남성), "아버지가 무사 귀국하시지 못했다면, 저는 세상에 태어나지도 못했을 겁니다."(63세 여성) 같은 감상도 전해집니다.

한편, 한국에서 온 학생은 "전시를 끝까지 보았습니다. 누구에 의해 전쟁이 일어났는지를 알기 힘드네요. 식민지(조선)와 관련한 전쟁책임 부분을 찾아볼 수 없었습니다"라고 기록하기도 했습니다.

전후 보상 문제에 정통한 시베리아 억류자 지원센터 대표간사 아리미츠 켄(有光建) 씨는 말합니다. "이 자료관은 총무성의 위탁을 받아 민간업자가 운영하고 있습니다. 문제는 전후 70년이 지났는데 일본에 국립의, 본격적인 전쟁박물관·자료관이 없다는 점입니다. 미국, 영국,

한국, 러시아 등에는 있지요. 그 결과 야스쿠니신사의 유취관(遊就館)만 눈에 들어와 비판을 받는 것입니다."

아리미츠 씨는 또한 지적합니다. "다른 전쟁 관련 전시도 정리해서 역사적 시점부터 재구성하고, 그 안에 시베리아 억류 관련 내용도 포함시켜야 합니다. 시베리아 특조법 성립(2010년) 당시 이 부분도 시작했어야 합니다. 일본 측의 비극을 이야기할 때, 애초에 타국에 나가 군사지배를 하고 100만이나 되는 일본의 군대(관동군)가 중국 동북부에 상주했던 것 자체가 비정상적인 상태로써, 무리한 일 아니었는가? 억류문제 또한 이 지점부터 생각해보아야 합니다."

■ 비밀지령

직접 그린 그림 앞에서 억류체험을 이야기하는 마쓰모토 시게오(松本茂雄) 씨

시베리아 억류의 비극은 왜 일어난 것일까요.

"소련의 지도자 스탈린의 비밀지령에 따른 것입니다. 포로의 취급을 정한 제네바협약과 일본군대의 '가정복귀'를 명기하고 소련도 서명한 포츠담선언에 위반되는 행위였습니다."

러일 역사연구센터 대표 시라이 히사야(白井久也) 씨의 지적입니다. 시라이 대표는 《아사히신문》 모스크바 지국장 등을 역임했습니다.

종전 후인 8월 23일, 스탈린은 '극동 및 시베리아에서의 노동에 육체적으로 견딜 수 있는 일본인 포로 선발'을 소련의 국가국방위원회 결정으로 명령했습니다.

소련군이 "도쿄로의 귀환이다"라고 말하니 '집으로 돌아간다'고 생각한 병사들은 약 2개월 동안 서쪽으로 모스크바 주변으로부터 극동지역에까지 이르는 약 2천 개 수용소로 이송되었습니다. 시베리아는 그당시 기온이 영하 30도까지 떨어지는 겨울에 들어가, 첫 겨울에 가장 많은 희생자가 나왔습니다.

억류자의 한 사람인 마쓰모토 시게오 씨(91, 가와사키·川崎 시 거주)는 예전에 억류되었던 시베리아 극동부의 도시, 콤소몰스크(Komsomol'sk)를 귀국 이후에도 네 번이나 방문했습니다. 그때마다 당시 수용소로부터 2, 3킬로미터 떨어진 초원에 있는 일본군 병사들의 매장지를 찾았습니다.

"유해가 묻힌 흔적이 몇 군데나 있어 물웅덩이가 되었습니다. 그곳

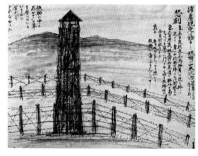

억류자의 한 사람인 이노우에 가오루(井上馨) 씨가 그린 시베리아 억류 체험(시베리아 억류자 지원센터 제공)

을 밟으면 신발이 푹푹 빠지고는 했지요. 한 개의 웅덩이에 몇 십 명이 묻혀 있고, 그들의 이름이 무엇이었는지도 몰랐습니다. 70년 동안, 이곳에서 고향에 돌아갈 날만을 기다리고 있는 겁니다. 눈물 없이는 거기 서 있을 수가 없지요…." 이장지(移葬地) 사진을 보여주면서 말씀하셨습니다.

마쓰모토 씨는 관동군 제124사단에 징집되어 1945년 8월 9일 구 '만주'로 공격해온 소련군과 맞닥뜨렸습니다. 소련군 T34 전차와의 육탄전이 벌어져 병사들은 폭탄을 지고 전차 밑으로 기어들어갔습니다.

마쓰모토 씨는 그 전투에서 다친 왼쪽 다리가 수용소에 도착해서부터 곪기 시작해 뿌리부터 통나무처럼 부어올랐습니다. 병원에서 수술도구나 마취제도 없이 가위로 다리를 잘라내는 바람에 반미치광이 상태가 되었다고 합니다. 병원에 있던 7개월 동안 보았던 사망자는 "2천 명 정도로 추정된다"고 합니다. 겨울에는 동상 때문에 구멍을 팔수도 없어 벌거벗은 상태로 밖에다 시신을 늘어놓았다가 눈을 덮어주는 것이 전부였다고 합니다. 봄이 되어 눈이 녹으면 그곳에 까마귀가 몰려들어 검은 산처럼 보였습니다.

■ 대소(對蘇) 교섭

시베리아 억류에서 '수수께끼'[7]로 남은 문제가 있습니다.

---

7 후와 데쓰조(不破哲三) 씨는 저작 『스탈린 비사(祕史): 거악의 성립과 발전』 제5권 제24장 "대일전의 종결" 중에 "'만주'에서 무슨 일이 일어났나"라는 절을 편성, 1945년 8월 8일, 소련군이 공격해온 구 '만주'(중국 동북부)에서 일본인을 공격한 세 가지 대참해(大慘害)

스탈린 비밀지령 직전의 명령에는 "일본 만주군의 군사포로를 소련 영토로 운반하지 않는다"고 되어 있었습니다. (8월 16일 페리아 문서) 그것이 왜 정반대의 명령으로 뒤바뀐 것일까요.

시라이 씨에 따르면 "일본의 참모본부가 일본 포로를 소련군 마음 대로 사용해달라고 했다. 그 내용을 담은 관동군 문서를 전후 사이토 로쿠로(齋藤六郎) 씨가 소련의 공문서관에서 발견해서, 당시 크게 보도 되었다"고 합니다.

사이토 씨(고인)는 전국 포로 억류자 협회 초대 회장으로 이 사실을 저서 『시베리아의 만가―전국 포로 억류자 협회장의 수기』(1995년, 종전 자료관출판부)에서 밝혔습니다. 권말자료로 발굴한 관동군문서, 소련 대 일전(對日戰) 문서, 노동증명서 관련 등이 게재되었습니다.

그 중 하나인 '소련군에 대한 세지마 류조(瀨島龍三) 참모 기안 진정 서'에는 일본의 병사가 귀환하기까지 "극력 귀군의 경영에 협력할 수 있도록 활용해주시기 바란다"고 적혀 있습니다.

로 해설하고 있습니다. (265페이지) 첫 번째 참해는 소련군이 각지에서 일으킨 약탈·성 폭행·살육 등의 참극입니다. 소련군은 '사회주의' 군대를 표방했음에도 인간성이 결여된, 무법적이고 야만적인 무장부대가 포함된 군대였음을 '만주'에서도 실증했습니다. 두 번 째 참해는 일본의 관동군 수만 장병이 연합국의 포츠담선언 조항(무장해제 후의 가정 복 귀 등)에도 불구하고 시베리아에 억류되어 장기간에 걸쳐 강제노동에 사역한 일입니다. 세 번째 참해는 동시 만주에 있었던 '만몽개척단' 등 백수만 명의 일반인이 '만주'에 유폐 된 일입니다. 소련군 등에 의해 궁지로 내몰린 개척단의 여성·아이들까지 포함된 다수의 '집단자결'과 '중국 잔류고아'의 고난 등도 이 시기에 일어났습니다. 이 제2, 제3의 참해와 관련, 소련군을 앞세운 스탈린의 야망과 더불어 일본이라는 국가와 그 전쟁 지도부가 깊 이 관련된 '기민(棄民)' 정책에 원인이 있다는 것을 여러 증거문서를 들어 확인하고 있습 니다.

'아사에다 시게하루(朝枝繁春) 대본영 보고서'는 이후의 처치와 관련, "재류 일본인 및 무장해제 후의 군인은 소련의 비호 하에 만주·조선에 토착해 생활을 영위할 수 있도록 소련 측에 의뢰한다," "토착하는 이는 일본국적을 포기하더라도 지장이 없도록 한다"고 되어 있습니다.

대본영과 관동군의 대소교섭이 '포로 50만'을 시베리아로 이송하는 전환점이었던 것입니다.

시아리 씨는 고노에 후미마로(近衛文麿) 전 총리가 작성한 소련 관련 '화평 교섭 요강'(1945년 7월)도 거론합니다. 천황제의 '국체호지(國體護持)'를 절대조건으로 하는 대신, 소련에 영토의 일부를 넘기고, '만주'의 군인·군속을 '병력 배상의 일부로써 노동'에 제공한다는 내용이었습니다. 요강에 드러난 사고방식이 대소교섭의 기본으로서 종전 직후까지 존속되었다는 사실을 관동군 문서가 보여주고 있는 것입니다.

사이토 씨는 저서에서 "종전 당시, 군에 의한 거류민의 방치 사건과 동원, 노무제공은 과오로 치부하고 끝날 문제가 아니다. 명확하게 관동군 참모 등에 의해 이루어진 의도적 행위였다. … 그들(=억류자)은 자신들이 무엇에 의해 그런 상황으로 내몰린 것인지 조차 모른 채 타국 땅에 말없이 잠들어 있다"고 규탄했습니다.

2016년 8월 24일자, 야마자와 타케시

4

|

여기, 전쟁이 있었다

(1) 군·산·학 공동, 구 육군 노보리토(登戶) 연구소는 말한다

아베 신조 정권 하에서 군사예산이 처음으로 5조 엔을 넘어서고, 무기 연구 예산이 대폭 증가되었습니다. 이에, 전전(戰前), 무기개발에 과학기술자가 동원된 것을 교훈으로 "과학을 전쟁에 이용하지 않는다"고 결의했던 사람들이 군사문제와 관련해 의문을 제기하고 있습니다. 비밀전·모략전을 담당하던 구 육군 노보리토 연구소의 '전쟁과 과학자' 문제를 살펴보았습니다.

■ 생물무기를 개발

가와사키 시 다마(多摩) 구의 언덕 위 메이지(明治)대학 이쿠타(生田) 캠퍼스에 있는 '메이지대학 평화교육 노보리토 연구소 자료관'.

"최근의 사건에서 암살에 VX가 사용되어 화제가 되고 있습니다. 전전의 노보리토 연구소에서도 군이 대인용의 청산가리라는 무색·무미·무취의 독약을 개발했습니다. 동물실험에 그치지 않고 중국 난징까지 출장을 가 중국인 포로 십 수 명을 사망하게 하는 인체실험까지 실시했지요."

2017년 3월 초에 있었던 견학모임에서 야마다 아키라(山田朗) 관장(문학부 교수)이 많은 사람들 앞에서 해설합니다.

자료관 자체가 지금도 유일하게 남아 있는 비밀연구소 시대 건물입니다. 여기서 '적국'의 밀, 벼 등의 식용작물을 효율적으로 고사시키기 위한 곤충·세균 등의 생물무기 개발도 이루어졌습니다.

이렇게 인간에 대한 생화학무기의 개발제조실험을 한 것이 관동군

노보리토 연구소 자료관에서 전시 패널에 대해 해설하는 야마다 관장(2017년 3월, 가와사키 시)

170

방역 급수(給水)부, 이른바 731 부대입니다. 노보리토 연구소는 식물, 가축을 대상으로 한 무기를 연구하고(제2과), 양자는 협력하면서도 각자의 영역에서 공존했습니다.

제4과부터가 노보리토 연구소입니다. 전시실은 이에 따라 제1 '노보리토 연구소의 전용(全容)', 제2 '풍선폭탄과 제1과', 제3 '비밀무기와 제2과', 제4 '위조지폐 제조와 제3과', 제5 '종전과 그 후의 노보리토 연구소'로 나뉩니다.

자료관은 4년의 준비기간을 거쳐 2010년 개관했습니다. 이후 연간 6천에서 7천 명씩 누계 5만 5천 명의 개인과 그룹, 단체가 방문했습니다. 단체로 방문한 고교생들은 물론 석사학위 논문을 쓰려고 찾아온 대학원생의 모습도 보입니다.

관람객들의 감상을 살펴보면 "들어서는 순간부터 느낀 무거운 공기, 소름끼치는 사실의 게시에 가슴이 아팠습니다. 올 수 있어서 정말 다행이었어요."(여성) "군사연구가 이렇게나 조직적으로 이루어졌다는 것에 놀랐습니다. 일본은 전쟁의 피해자인 동시에 가해자이기도 하다는 사실을 통감했습니다."(남성) 등이 눈에 띕니다.

■ 풍선폭탄에 동원

군·산 공동을 진행하던 육군 노보리토 연구소에 과학기술자는 어떤 식으로 관여했을까요.

1980년대부터 가와사키의 역사를 발굴해온 와타나베 겐지(渡辺賢二) 씨(당시 고교 교원)와 고교생들은 지도(地道)에서 끈질긴 조사활동을 계속해왔습니다. 그러한 가운데 우연히 노보리토 연구소에서 일했던 군인과 기사, 지역에서 고용된 공원(工員)·사무원과의 접점이 생겨났습니다.

"고교생 여러분께 이야기해두고 싶다"고 무거운 입을 연 한 사람으로 반 시게오(伴繁雄) 씨가 있습니다.

반 씨는 종전 당시 육군 기술 소좌로 스파이 무기·생화학 무기의 개발을 담당하던 제2과의 간부소원이었습니다. 군공(軍功)을 인정받아 당시 도조 히데키(東條英機) 육군대신으로부터 '육군기술유공장(陸軍技術有功章)'을 수여받기도 했습니다.

반 씨가 1993년 사망 직전에 집필한 『육군 노보리토 연구소의 진실』(후요쇼보숓판·芙蓉書房出版)은 연구소의 조직에 대해 이렇게 묘사하고 있습니다.

"소원(所員)으로서 이과, 공과계의 학교에서 다수의 유능한 인재가 전문분야 별로 소집된 것 외에 일본의 톱클래스 대학교와 민간기업의 기사, 연구자가 촉탁으로 연구에 참가했다. 노보리토 연구소 자체 제조공장이지만, 정교한 기재작업은 민간 기업에서 담당하는 일도 있었다."

"과학기술자가 전쟁에 편입되어가는 프로세스의 전형을 보여주는 것이 풍선폭탄의 개발·제조입니다."(야마다 아키라)

직경 10미터의 기구로 된 풍선폭탄은 암호명 '후(ふ)호 장치'라 불렸습니다. 약 1만 발이 투입되어 그 중 1천 발이 아메리카대륙에 도달한 것으로 보이며, 361발의 착탄이 확인되었습니다. 오리건 주 브라이(Bly)에서 폭탄과 접촉한 민간인 6명이 목숨을 읽었습니다.

당초 소를 몰살하기 위한 우역(牛疫) 바이러스를 탑재할 계획으로 완성을 앞두고 있었지만, 미국으로부터 비슷한 양상의 반격이 가해질 우려 때문에 단념했습니다.

고도 1만 미터, 영하 50도의 환경에서 편서풍을 타고 태평양 상공을 9천 킬로미터나 날아가 미국 본토에 낙하시키는 데에는 편서풍의 움직임, 기온변화 등 정확한 상공 기후도의 작성이 필요했습니다.

당시 군에는 그러한 지식이 없었기 때문엔 중앙기상대(지금의 기상청)와 도쿄대 공학부 항공연구소의 전문가가 동원되었습니다.

제2과의 생화학무기 개발에는 농학계 과학자가 동원되었습니다. 군에도 의사나 수의사는 있었지만, 농학 전문가는 없었기에 농업시험장과 품종개량을 전문으로 하는 사람들을 동원해 식물을 고사시키는 연구를 했습니다. 본래, 작품을 키우는 연구를 하던 전문가를 정 반대의 연구에 종사하도록 한 것입니다. 실제로 비행기를 사용해 중국 후난(湖南)성 둥팅(洞庭) 호 서쪽의 논에 세균과 이화명충(二化螟虫, 벼를 먹어치우는 벌레) 살포가 이루어지기도 했습니다.

■ 윤리관의 실종

노보리토 연구소의 과학기술자는 도대체 어떤 심경이었을까요.

이를 보여주는 것이 앞서 언급한 반 씨의 증언입니다. 반 씨와 소원들은 1941년 6월 중국 난징에서 약 1주간 731부대의 자매부대로 제휴, 독극물인 청산가리를 인체에 사용했습니다. 치사량과 병상의 관찰에는 동물이 아니라 인체실험이 필요하다는 판단에서였습니다.

전후, 이 실험에 관한 심경을 "처음에는 싫었지만 익숙해지고 나니 하나의 취미가 되었다(자신의 약의 효과를 시험해보기 위한)"고 증언했습니다. (범인이 독극물로 12명을 사망에 이르게 한 1948년 제국은행 사건을 경시청이 조사할 당시, 사용 독극물의 특정에 노보리토 연구소 관계자의 협조로 증언이 이루어졌습니다. 조사를 진행한 카이 분스케·甲斐文助 경부의 조사 메모, '카이 메모' 참조)

과학자가 전쟁에 이기기 위해서라는 대의명분을 구실로 연구 성과를 극대화시키려고 하는 윤리관의 상실이 얼마나 심한 이상심리를 보이는지 여실히 보여주고 있습니다.

와타나베 씨는 말합니다. "반 씨는 자신이 노보리토에서 한 일에 대해 전쟁에 이기기 위해서라고 생각한 한편, 종전 이후에는 단순한 살인에 불과하다고 생각하는 대립 속에서 마지막까지 괴로워한 사람이었습니다. 따라서 고교생들에게 자신의 죄를 고백한 것이지요. 우리들과의 접점이 없었다면 '비밀을 막장까지 가져가는' 상황이 되었을 거라고 생각합니다. 군사연구의 정점에 서 있던 비밀조직이 반 씨와 같은 사람들을 만들어 낸 거지요. 이러한 일을 지금 절대로 되풀이해서는 안 됩니다."

2017년 3월 20일자, 야마자와 타케시

(2) 고치(高知)의 전쟁 유적 보존 운동

전후 72년, 전쟁체험자가 점차 줄어들고 있는 가운데, 전쟁 유적을 사적이나 문화재로서 보존하고, 평화를 위해 '전쟁'을 증언하는 활동에 활용할 수 있도록 하는 일이 추진되고 있습니다. '전쟁 유적 보존 전국 심포지엄'(보존 심포)이 열린 고치 현의 운동을 소개해보겠습니다.

■ 논 한가운데의 벙커

전쟁 유적이란 무엇인가. "근대 일본이 반복해 온 전쟁에 의해 생겨나 남겨진 구조물과 사적지를 말합니다. 전쟁 유적은 실제적 현장감과 박력을 지니고 있는 까닭에, 거기 서 있으면 역사와 공간을 공유할 수 있습니다. 상상력을 발휘해 간접체험도 가능하고요. '전쟁'을 배우고, 가해·피해의 역사의 문을 여는 장인 것입니다."

보존 심포를 주최하는 전쟁 유적 보존 전국 네트워크 공동대표로 고지 현립 매장(埋藏) 문화재센터 조사원을 지낸 이즈하라 케이조(出原惠三) 씨의 말입니다. 현재 평화자료관 '풀의 집' 부관장이기도 합니다.

이즈하라 씨의 안내를 받아 전쟁 유적이 있는 난고쿠(南國) 시의 전원지대를 걸어보았습니다. 우선 눈에 들어온 것은 고치공항 인근의 논에 여기저기 흩어져 있는 거대한 콘크리트 덩어리였습니다. 고치 해군 항공대가 격납고로 쓰던 벙커입니다.

당시 적의 공격으로부터 비행기를 지키기 위해 만들었던 벙커가 41기, 활주로로 이어지는 유도로(誘導路)도 그물코처럼 만들어졌습니다.

(위) 난고쿠 시 사정으로 등록된 전쟁 유적 '전병 엄호시설 군'의 하나.
(아래) 난고쿠 시 히사에(久枝) 해안에는 전쟁 유적·토치카가 남아 있습니다.

지금은 벙커만 7기가 남아있습니다. 가장 큰 것이 폭 44미터, 안길이 23미터, 높이 8.5미터입니다.

보존운동이 결실을 맺어 2006년, 난고쿠 시 사적으로 지정되었습니다. 난고쿠 시 교육위원회가 발행하는 팸플릿 「벙커는 말한다」에는 "1941년 1월부터 1944년까지 군용비행장으로 정부가 강제로 매입"했으면 하나의 마을(미시마·三島 마을 263호)이 소멸되었다고 기록되어 있었습니다.

이즈하라 씨의 연구(논문 「고치 해군항공대과 관련 유적」)에 따르면, 중일전쟁 당시 해군이 중국의 수도 난징을 바다를 넘어 폭격했을 때, 중국 공군 등의 반격으로 큰 타격을 입어 영식 함상 전투기(제로센) 개발에 착수합니다. 고치 해군항공대도 제로센의 훈련비행장으로 계획되었지만, 최종적으로는 정찰원(偵察員) 양성을 위한 훈련항공대로서 발족하게 됩니다.

벙커 건설 작업을 진행한 것은 "중학생, 인근에 사는 어머니들, 고지 형무소의 수형자, 한반도에서 강제로 연행되어 온 사람들 등이었습니다." "말 없는 벙커가 무언으로 전쟁의 슬픔, 평화의 소중함을 호소하고 있습니다."(「벙커는 말한다」)

천정에 그을린 흔적과 깨진 식기 등 생활의 흔적이 남아 있는 벙커도 있었습니다. "여기는 강제로 연행되어 오신 한반도 분들이 전후까지 생활하시던 곳"이라고 증언하는 이즈하라 씨. 벙커의 표면이 부서져 나간 부분을 가리키며 말합니다.

"미군은 오키나와 전투 상륙 이전에 서일본의 해안기지를 타격하는 공격에 나섰습니다. 이 흔적도 미국의 그러먼(Grumman) 전투기의 기총소사에 의한 탄흔입니다. 일본군은 그 뒤 '본토결정'에 대비하는 진지구축(구멍 파기)을 서둘렀습니다. 이 전쟁 유적을 통해서도 오키나와가 '시간벌기'에 이용되었다는 것을 알 수 있습니다."

물가에서 미군을 공격할 당시 군의 작전에 대해 알 수 있는 유적이 난고쿠 시 히사에 해안에 남아 있는 토치카입니다. 거대한 검은 콘크리트 더미. 고치 현 내에 58기가 남아 있습니다.

벙커는 지바(千葉) 현 모바라(茂原) 시(11기), 오이타(大分) 현 우사(宇佐) 시(10기), 홋카이도 네무로(根室) 시(6기) 등이 남아 있습니다. 본토결전에 대비해 1945년 구축한 진지가 전국 각지에 남아 있는 것입니다. 이즈하라 씨는 다음과 같이 강조했습니다.

"역사라는 종축(縱軸)에서 전쟁 유적을 보면, 일본의 근대의 부국강병 정책에 따라 한때 동아시아와 중국 등에 최대한도로 넓혀졌던 전역(戰域)은, 결국 막다른 길로 접어들면서 일본에 집중되기에 이릅니다. 게다가 무기도 연료도 없으니 할 수 있는 것이라고는 산에 구멍을 파는 일뿐이었습니다. 비극을 뛰어넘어 희극이지요. 어리석은 일입니다. 그 어리석음을 알아차리고 반성함으로써 역사와 마주해야할 것입니다."

■ 세균전 체험자도

'풀의 집'은 1989년 민립·민영 평화자료관으로 고치 시내에 지어졌습니다. 고치 민의련의 진료소 사무장을 역임한 오카무라 케이스케(岡村啓佐) 부관장은 풀의 집 활동의 특징에 대해 "가해, 피해, 저항이라는 세 개의 기둥을 축으로 해서 역사적 사실의 발굴·연구·전시를 하는 일"이라고 말합니다. 일본의 중국 침략 전쟁과 관련해서도 고치의 보병 44연대가 상하이, 난징 등에서 무엇을 했는지 구체적으로 더듬는 '중국·평화의 여행을' 몇 번이나 실시했습니다.

또, 세균탄을 살포하는 세균전을 위해 중국인들에게 인체실험과 학살을 자행한 731부대(관동군 방역 급수부) 대원의 증언 청취와 중국 현지 투어도 해왔습니다.

'저항'과 관련해서는 프롤레타리아 시인 마키무라 코우(槇村浩)를 비롯해서, 전쟁에 목숨 걸고 반대한 사람들과 그들의 반전운동을 발굴하는 일에도 뛰어들었습니다. 44연대가 출병할 때 유인물을 나눠준 사람이 있었다는 것도 밝혀냈습니다.

오카무라 씨는 의료라는 직업적 특징상, 731부대의 간부가 일본을 점령한 미국과 전범 면책을 조건으로 인체실험의 연구 성과를 팔아넘긴 의료·의학계의 '검은 전후사'를 추적하고 있습니다. 증언도 확보했습니다. 고치 출신으로 731부대의 하이라얼(海拉爾) 지부에 소속되었던 다니자키 히토시(谷崎等) 씨(94)는 만나기 쉽지 않은 생존자입니다. 다니자키 씨는 페스트균을 주사한 쥐를 사육하던 임무와 종전 후 천황의 방송 등을 기억하고 있었습니다. 다니자키 씨가 말합니다.

"본부는 일본으로 복귀한 상태였고, 라디오 방송 내용도 상층부에서는 이미 알고 있었지요. 우리는 아무 말도 하지 않았습니다. 이듬해 말까지 남겨졌습니다. 다시는 전쟁이 일어나면 안 돼요. 우리에게는 중국 병사들을 살해할 명분이 없었습니다. '상관의 명령은 천황폐하의 명령'이라는 구실 아래 매일 얼마나 많은 싸움을 벌였던지. 전쟁터에 가서도 중국 병사들보다 상관을 죽여 버리고 싶다는 생각을 몇 번이나 했는지 몰라요."

"나중에 참전한 소련군은 기관총을 가지고 있었습니다. 우리는 한 발 한 발 탄을 장전해서 쏘는 철포였고요. 당해낼 재간이 없지요. 어차피 개죽음을 당할 뿐이니 늘 도망갈 생각만 했습니다. 1인용 참호를 파면 화염방사기가 기다리고 있었습니다. 제 무덤을 팠던 거지요"라며 쓴웃음을 짓습니다. 지난해에는 고치에서 열린 전쟁법 반대 집회에 참가했습니다. "아베 정권은 전쟁이 뭔지도 모르는 주제에 전쟁을 하고 싶어해요. 제 정신이 아니죠. 하지만 저는 전쟁의 무서움을 알고 있습니다."

2017년 8월 22일자, 아베 카츠지(阿部活士)

5

소년병, 예과 훈련

(1) 소년비행병의 일지 출판
— 의사 히라노 하루카즈(平野治和) 씨

종전 3개월 전인 1945년 4월 28일, 18세의 어린 나이로 오키나와 상공에서 전사한 소년병[8]의 일지가 책으로 나와 화제가 되고 있습니다.

히라노 하루카즈 씨

『꽃조차 피우지 못한 18세』(합동 포레스트 발행)을 출판한 것은 후쿠이(福井) 시의

8 　소년병 : 18세 이하의 병사. '예과병(해군 비행 예과 연습생)'이라고 부르며 해군과 육군 모두 합쳐 40만여 명이 있었다고 알려져 있습니다. '보충하기 쉬운 소모품'으로써 단기간에 대량으로 양성되어, 특공 등으로 전쟁터에 보내졌습니다.

코요(光陽) 생협 클리닉에서 원장을 맡고 있는 히라노 하루카즈 씨(64). 육군 소년비행병이었던 숙부, 히라노 토시오(平野利男) 씨가 미토(水戶) 육군항공통신학교에 재적했던 1년 3개월 동안 기록한 '수양일지'에 자세한 자료를 붙인 것입니다.

"전후에 자란 우리는 전시의 생활을 리얼하게 상상하지 못합니다. 이 일지를 읽으면 당시 17·18세이던 젊은이들의 마음과 사고가 70년의 세월을 넘어 눈앞에 펼쳐지는 것 같습니다. 1인칭으로 전쟁을 이야기하는 사람이 드문 만큼 당시의 분위기를 생생하게 전할 수 있으면 좋겠습니다." 하루카즈 씨의 말입니다.

책을 발행한 이후 지역 FM라디오에서 대담을 하는가 하면, 자원활동가들에 의한 점역(點譯)이 완성되고 강연의뢰(2017년 3월 4일, 도쿄. '종교인 9조의 회' 헌법강연회)가 들어오는 등 반향이 확산되고 있습니다.

■ 토장(土藏)에서 숙부의 유품 '발견', 난해한 전문용어

하루카즈 씨가 숙부의 일지를 손에 넣은 것은 재작년(2015년) 5월입니다. "입헌주의를 짓밟으며 강행체결을 반복하는 아베 정권에 위기감이 커져가고 있을 때였는데, 성묘를 가다 '그리고 보니 토시오 숙부의 유품이 있을 지도 모르겠다'는 생각이 나더군요."

옛 이즈미(和泉) 마을(지금의 오노·大野 시)에 있는 옛집의 토장을 뒤

지다 먼지투성이 보자기에 싸인 대학노트 세 권을 발견했는데 '수양일지 우노키(鵜木) 대대 제4반 히라노 토시오'라고 적혀 있었습니다.

토시오 씨는 1942년 4월 9일, 어렵게 도쿄 육군 항공학교에 15세 때 입학했습니다. 일지는 그가 이 학교를 졸업한 뒤 미토 육군 항공통신학교에 진학한 1943년 4월 5일부터 졸업을 앞두고 있던 1944년 6월 10일까지의 기록을 담고 있습니다. 지금이라면 고등학교 2·3학년생에 해당하는 나이입니다.

한자와 약자, 잉크의 번짐, 파손 등으로 무척 읽기 힘들었습니다. 무엇보다, 일지 곳곳에서 등장하는 구 일본군의 통신 및 암호에 관한 전문용어에 골머리를 썩였습니다.

일지를 모두 화상처리해서 교육 관계자와 역사학자, 무선통신연구자 등 각 분야의 전문가들에게 조언·협력을 받아가며 꼬박 1년을 투자한 끝에 독해를 마칠 수 있었습니다. 진료를 보다 시간이 남으면 국회도서관을 비롯한 각지의 도서관을 돌면서 자료를 수집했습니다.

■ 고향과 양친을 향한 마음, 단기간에 내용 변화

1년 3개월이라는 짧은 기간 동안 일지의 내용은 큰 변화를 보입니다.

입학 당시는 고향과 양친에 대한 마음이 표현되었습니다. "부근에 있는 농가의 모습을 보니 무심코 고향과 부모님을 떠올리게 된다."(1943년 4월 25일)

하지만 차차 천황에 대한 충성심이 커져갑니다.

"나도 언젠가는 노송나무 상자에 담겨 돌아갈 것임을 가슴으로 느낄 때가 있다."(같은 해 8월 20일) 하루카즈 씨는 "부모, 고향을 생각하며 갈등하던 끝에 스스로를 다잡으며 질타하는 심정이 나타나 있다"고 여겨지는 부분을 찾아내기도 했습니다.

"결국 죽음을 향해 갈 수밖에 없다. 나는 세상을 위해, 자신을 위해, 죽기 위해 태어난 것에 다름 아니다. 집을 생각하는 마음이 지나치면 잡념 또한 넘쳐, 실로 괴로워지니 … 내 모든 신명(身命)을 바치는 것으로 기쁨을 삼자"(1944년 5월 19일)

■ 광기의 시대를 농후하게 드러내는 전사(戰死)의 양상

방대한 『전사(戰史)총서』(방위청 방위연수소 전사실 편)에서 탑승한 폭격기와 작전의 내용. 오사카 시립 도서관에 유일하게 남아 있는 자료에서 토시오 씨를 비롯한 모든 탑승원의 이름을 확인할 수 있었습니다. '생사불명', '오키나와 방면'이라고만 적힌 전사공보(戰死公報) 1945년 5월 30일자가 수취된 지 70년이 지나, 그 구체적인 양상이 밝혀진 것입니다.

"상사에게 제출할 것을 전제로 쓰여진 것이지만, 광기라 할 만한 전쟁의 시대가 농후하게 드러나고 있다"는 하루카즈 씨. "소년병은 지원병의 형태를 띠고 있었지만, 사회도, 학교도, 언론도, 심지어 가정까지도 소년들을 전쟁으로 내몰았던 게 아닐까요. 제 숙부인 토시오뿐만 아니라 모든 소년들이 똑같이 느끼고 생각하며 행동했던 거겠지요. 국가적 세뇌입니다."

이 책의 서명은 토시오의 모친이 지은 단가 "산화시킨 아이는 언제까지나 우리 가슴에 꽃조차 피우지 못한 18세"에서 딴 것입니다.

2017년 1월 16일자, 아오노 케이(靑野圭)

(2) 국가적 세뇌로 인해 군국소년으로
— 예과 연습생 최후의 입대, 야노 다케시(矢野武) 씨는 말한다

교토 부 마이즈루(舞鶴) 시에 거주하는 야노 다케시 씨(86, 중고교 이과교사 역임)도 『꽃조차 피우지 못한 18세』의 독자 중 한 사람입니다. 예과훈련(해군 비행 예과 연습생)의 마지막 기수인 16기생(갑종)으로 1945년 4월 입대. 당시 15세였습니다. 당시의 심정에 대해 들어보았습니다.

"날짜순으로 일지를 읽어 보니 소년이 단계적으로 '제국육군' 병사가 되어가는 과정을 알 수 있더군요."

야노 씨가 일지를 살펴봅니다. 미토 육군항공통신학교를 졸업하기 직전의 일지에는 "모든 신명을 바치는 것을 기쁨으로 삼는다", "눈부시게 국가를 위한 사명에 나설 각오를 하고" 등 충성심이 배어나오는 기술이 있습니다. 양친에게 보낸 마지막 편지에는 "대군(大君)에게 바치는 이 몸 … 지금이야말로 일본의 남아로서 꽃을 피울 때입니다"라고 되어 있습니다. "영락없는 유서군요. 가슴이 갑갑해집니다"라는 야노 씨.

야노 다케시 씨

이 책은 통신학교 출신자가 전후에 남긴 수기도 다음과 같이 소개하고 있습니다.

"무시무시한 내무반의 '얼차려'는 그야말로 혹독했다 … 손바닥으로 따귀 때리기, 때로는 슬리퍼, 죽도 등 온갖 물건이 사용되었다."

예과 연습생도 마찬가지였다고 야노 씨는 말합니다. "해군의 경우는 '군인정신 주입봉'(야구배트 같은 몽둥이)이었지요." 밤에 순검(점등 전 점검)이 끝난 뒤 상사로부터 '총원정렬' 구령이 떨어지면 각오를 해야 했다고 합니다. "'엎드려' 하는 구령에 따라 전향 자세를 취하면 엉덩이를 힘껏 얻어맞았습니다. 쓰러지는 사람도 있었지요."

인간으로 취급받지 못했습니다. "'서푼어치 목숨'이라며 얻어맞았습니다. 그 결과 사람의 마음이 없는 '제국군인'이 되어 가는 것이 군대의 무시무시한 시스템인 거지요."

■ 전의(戰意)를 북돋는 부채질

그럼 당시 젊은이들은 왜 소년병을 동경했을까요. 야노 씨는 학교와 가정을 포함한 사회 전체가 그들을 전쟁으로 몰아넣은 탓이라고 설명합니다. 오사카의 호쿠세츠(北攝) 지방 유수의 학교이던 이바라키(茨木) 중학교에 재학 중이던 당시의 일입니다. 학생들이 집합하는 조례에서 해군병학교와 육군사관학교에 진학한 졸업생들이 연단에 올라 "너희들도 뒤를 따르라"며 격문을 띄웠습니다. 배속 장교는 "제국 육해군은 너희를 믿고 있다"고도 했습니다. 당시에는 야노 씨도 피 끓는 심정으로 그 이야기를 들었다고 합니다. 소년들을 대상으로 하는 잡지나 뉴스영화도 전의를 북돋는 부채질을 했습니다.

입대 이후 3개월이 지난 1945년 6월 예과 연습생 소년병을 양성하는 학교가 '재편' 됩니다. 야노 씨 등 4월에 입대한 '16기 전기조(前期組)'는 이바라키 쓰치오라(土浦)의 제10항공함대 사령부로 이동했고 한편 '후기조'는 도쿠시마(德島)에 배속되어 징발한 배로 키탄(紀淡)해협을 항해하던 중, 미군기의 기총소사를 받아 다수가 사망했다고 합니다. 그리고 8월 15일. 사령부 앞 광장에 정렬해 종전을 전하는 천황의 목소리를 라디오로 들었습니다. 하지만 그 뒤에도 복원(復員)을 허락하지 않아 짜증이 쌓여가던 중, 울분을 풀기 위해 사령부 앞에서 대변을 보았다고 합니다.

"8·15도 끝났건만 / 사령소의 보초 / 어둡고, 졸리고 / 에 에잇 / 대변을 본 범인은 저입니다"(야노 씨의 오행 노래)

위병근무를 하는 한편 'SNP'라고 적힌 완장을 차고 점령군의 MP(헌병)의 뒤를 따라 쓰치우라 역을 순찰했던 적도 있었습니다.

■ 전쟁에 분노 느끼다

전쟁에 대해 의문과 분노를 느끼게 된 것은 10월이 되어서부터입니다. 교토의 니시마이즈루(西舞鶴) 역에서 대륙으로부터 철수해 온

이를 만났을 때였습니다. 새카만 얼굴, 긴 머리를 풀어헤친 여성들과 공포에 질려 굳어 있는 아이들. "아아, 이렇게 끔찍한 모습이었구나. 뭐가 '신국불멸'이란 말인가!"

야노 씨는 말합니다. "이 책에는 전쟁이 시작을 앞두고 사람들의 마음이 어떻게 변해가는지 잘 나타나 있습니다. 국가적 세뇌로 인해 군국소년이 되었던 한 사람으로서, 오늘날의 젊은 분들께서는 특히 비밀보호법과 전쟁법, 공모죄에 대해서 생각해주셨으면 합니다."

2017년 2월 17일자, 아오노 케이

3부

평화에 산다

우리가 침묵할 때, 전쟁은 다가온다

전 육군참모본부 동원학도병(암호해독)

도쿄도 신주쿠 구 무토 도루(武藤徹) 씨

도쿄 도 신주쿠 구 기쿠이(喜久井) 초 바바시타(馬場下) 지부에서 활동하는 무토 도루 씨(92)는 전쟁 당시 도쿄대학교 수학과 학생으로 육군 참모부에 동원되어 미군 암호 해독에 종사했습니다. 전후에는 일본 공산당 당원이자 고교교사로서 헌법과 교육기본법에 근거한 교육 실천의 선두에 섰습니다. 그의 경험과 평화에 대한 생각을 들어보겠습니다.

대학 졸업을 앞두고 있던 1947년의 일입니다. 초등학교 6학년 때, 가난한 집 아이가 학교에서 차별받는 모습을 보면서부터 '어떤 아이도 평등하게 대하는 교사가 되자'고 결심, 고등학교 수학교사가 되기로 했던 저는, 그해 시행되었던 교육기본법에 교육의 목적으로써 '인격의 완성'이 적혀 있던 것에 감격했습니다.

국가를 위해 죽으라고 가르치던 교육이 완전히 과거의 유물이 되어 평화와 민주주의를 기조로 하는 교육이 시작된 것입니다. 저는 '이거다!'라고 소리를 지르며 전문을 인쇄, 당시 시간강사를 하던 사립중학교에서 선배 교사들에게 나누어주었습니다. 비슷한 나이이던 여성교사가 협력해주었고, 공감하는 교사도 있어서 격려가 되었습니다.

■ 오키나와와 원폭의 실태를 접하다

무토 도루 씨

침묵하고 있으면, 전쟁은 서서히 우리 곁으로 다가온다.—이는 제가 실감한 바입니다.

저는 1925년 고베에서 태어났습니다. 양친과 마찬가지로 가톨릭 신자여서 일요일에는 함께 미사에 가곤 했습니다. 초등학생이던 제가 고등학생이 되는 기간 동안 전쟁이 격화되어 제 주변도 변해갔습니다. 초등학생 시절, 당시까지 교회에서 아무런 문제없이 해왔던 여름방학의 라디오 체조를 신사에서 하게 되었습니다.

중학교에서는 일요일에도 군사훈련이 이루어지고, 미사에도 갈 수 없게 되었습니다. 신부님은 "일본도 나치독일처럼 되었다"면서 한탄하셨습니다. 학생은 '근로보국대'로 조직되어 "조선인이 독립을 요구하며 폭동을 일으켰다"고 상정하는 치안훈련에도 동원되었습니다.

전국이 악화되어 1943년에는 제가 들어간 구제(旧制) 오사카고등학교에서도 20명이 학도출진을 하게 됩니다. 당시 제가 소속되어 있던

구제 오사카고등학교 시절의 무토 도루 씨(오른쪽 끝) 오른 편에 보이는 것은 봉안전(奉安殿), 1942년 촬영

탁구부의 선배가 "잊지 말아 달라"고 사인을 한 탁구공을 줄 때 "머잖아 저도 가게 될 것"이라고 답했습니다.

그리고 도쿄대학교 1년생이던 1945년 3월 10일 도쿄대공습을 겪게 됩니다.

도쿄대 아카몬(赤門)[1]에도 불길이 번져 저는 필사적으로 우물에서 펌프로 물을 길어 올렸습니다. 어찌 어찌 불길은 잡혔지만 큰 화재가 일어났던 지역에서 불꽃이 날아와 떨어지던 모습을 잊을 수 없습니다.

그 후 참모본부는 미군의 암호 해독을 강화하기 위해 도쿄대 수학과 학생 20명을 동원했는데, 저는 그 중 한 사람이었습니다.

암호문은 알파벳 26자를 랜덤으로 나열한 것처럼 보이지만, 예컨대 'e'의 사용빈도는 통상 11퍼센트 정도이므로, 11퍼센트 정도 사용되

---

1 도쿄대학교를 상징하는 붉은 색 교문. 전통양식으로 되어 있다. (옮긴이)

는 문자의 의미도 'e'라고 추측될 수 있습니다. 따라서 전황보고 등은 상당부분 독해할 수 있었습니다. 참모본부에서 오키나와 전투나 원폭투하의 정보를 접하고 '다음은 어디가 될까' 하는 생각에 등골이 오싹해졌습니다.

종전 후, 도쿄대 수학과의 주임교수는 "쇼와 시대 초기부터 군대가 하는 짓이 이상하다는 생각이 들었는데 결국 이렇게 되었다"며 탄식했습니다. 전쟁에 반대하기 위해서는 언론의 자유를 지켜내야 한다.—이것이 전쟁이 남긴 교훈이라고 생각합니다.

일본공산당에 입당한 것은 교사가 된지 7년째 되는 해였습니다.

■ 200명의 지인에게 당 강령을 보내다

부임했던 신주쿠 구의 도립 도야마(戶山)고등학교나 가입했던 도쿄도 고등학교 교직원 조합(도고교)에서는 전후 신교육에 대한 열의가 흘러 넘쳤는데 그 중심에 있던 것이 당원 교사들이었습니다. 동료 국어교사는 전쟁 전《적기(赤旗)》(지금의《신문 아카하타》)를 배달했던 것이 자랑인 인물로서, 미토 고등학교의 교육방침 안을 헌법에 근거해 기장했습니다.

당원교사들과 교육실천 활동을 벌이면서 저는 운동으로 사회를 바꿀 수 있다는 입장으로 변화해갔습니다.

이 무렵 한국전쟁이 격화되어 미토고등학교에서는 근접한 미군 도야마가하라(戶山ヶ原) 사격장(옛 육군사격장)에 대한 반대운동이 일어납니다. 기총소사 훈련 때문에 수업이 중단될 정도의 소음이 발생했던 것입

니다. 우리는 행정당국에 진정을 반복했습니다.

이 당시 학생회도 목소리를 높여준 것이 감동적이었습니다. 학교 축제에서 미군기지의 실태에 대한 전시를 진행하는가 하면 졸업생인 신문기자가 소음피해를 보도하도록 하면서 사격장 철거를 호소한 것입니다. 교사들은 그들의 활동에 아무런 간섭을 하지 않고 단지 토론에 필요한 시간만 보장했습니다.

사격장은 1955년 미군으로부터의 반환이 이루어졌습니다. 이 운동에서는 교사와 학생이 서로 연대하는 동료였습니다.

정년까지 도야마고등학교에서 교단에 서고, 도고교 임원과 당의 교직원 지부장을 맡았습니다. 그 동안 안보투쟁과 전공투(전국학생공동투쟁회의)와의 싸움 등 여러 가지 운동에 학생들 자신이 참여했고 그 과정에서 민청동맹(일본민주청년동맹)과 당도 크게 성장했습니다.

저는 지금도 와세다 9조의 회 발기인 대표로 활동하고 있습니다. 이 모임에서 귀중한 만남도 있었습니다.

저는 참모본부에서 근무하던 어느 날 암호연구의 1인자인 육군소좌로부터 오야마(大山)사건이 해군에 의한 음모였다는 이야기를 들었습니다. 2008년 9조의 회에서 이 이야기를 했더니 공산당의 하세가와 준이치(長谷川順一) 전 신주쿠 구의원이 깜짝 놀라면서 역사학자 가사하라 도쿠시 쓰루문과대학 명예교수를 만나게 해주었습니다. 가사하라 교수의 연구로 이 이야기는 진실이라는 것이 판명되었습니다.

공산당원으로서 살아온 것은 제 긍지입니다.

이번 총선거에서 아베 정권에 의한 개헌에 반대하는 세력이 성장한 것은 커다란 성과입니다. 아베 정권은 일본을 전쟁하는 나라로 만들려 하고 있지만, 평화헌법과 일본공산당이 국민들 사이에 뿌리내리고 있다는 점은 일본사회가 태평양전쟁 이전과 갖는 큰 차이입니다.

올해 저는 지인 200명에게 일본공산당 강령을 보냈습니다. "처음 보았다", "공부가 되었다"등의 목소리가 돌아왔습니다. 헌법을 지켜서 보다 큰 일본공산당을 만들기 위해 제 목숨이 남아 있는 한 온 힘을 다하고 싶습니다.

2017년 12월 2일, 아오야나기 가쓰로(青柳克郞)

2

'죽음'에서 '생명'의 삶으로

전 해군 카이텐(回天)² 공격대원

도쿄도 세타가야 구 다나카 나오토시(田中直俊) 씨

도쿄 도 세타가야(世田谷) 구 가미기타자와(上北澤) 지부에서 활동하는 다나카 나오토시 씨(90)는 72년 전, 해군의 '카이텐' 특별공격대원으로 종전을 맞았습니다. 전후에는 일본공산당 당원으로서 농민의 권리옹호 등에 진력했습니다. 그 체험

다나카 나오토시 씨

과 평화에 대한 생각을 들어보았습니다.

종전 직전—일본정부가 본토결전을 부르짖던 무렵이었습니다.

---

2   어뢰를 개조해 사람이 조종, 적함을 타격하는 무기. 출격과 훈련 중의 사고로 인해 약 100명이 목숨을 잃었습니다.

예과 연습생 시절의 다나카 씨. 1944년 무렵 촬영.

저는 오이타 현 소재의 해군 오오가 (大神)기지에서 '카이텐' 부대의 하나인 '오오가돌격대' 대원으로 출격 명령을 기다리고 있었습니다. 저와 같은 거실에서 생활하던 6명 중에 이미 4명이 출격한 상황이었기에 '다음은 나구나'하며 각오하고 있던 참이었습니다.

'카이텐'은 적함에 명중시키면 단 한 기로 몇 백 명을 살상할 수 있는 무기입니다. 당시 자원해서 탑승원이 되었던 저는 이 무기를 타고 출격하는 것이 최고의 명예라고 생각했었습니다.

죽음을 제 나름대로 받아들이고 있었던 겁니다. 저희 집에서 절을 하고 있던 영향 때문이었을까요. 사후에는 극락과 지옥이 있는데, 저는 나라를 위해 죽는 거니 극락에 갈 수 있다, 그래서 죽음이 두렵지 않다고 스스로를 다잡았던 겁니다.

그랬던 만큼 종전 당시의 생각은 복잡했습니다. 출격을 할 수 없었다는 원통함과 마음 한 구석의 안도감이 교착하고 있었으니까요. 천황의 항복 방송이 있은 뒤, 기지 안에서 총성이 들려왔습니다. 몇 명의 대원이 '카이텐' 앞에서 총으로 머리를 쏘아 자살했던 것입니다. 저는 자신의 인생의 목적을 죽는 것에서 사는 것으로 바꾸면서 고향으로 돌아왔습니다. 18세 되던 해 여름이었습니다.

■ 탑승원으로 지원―'카이텐'의 훈련

저는 1926년, 아리아케(有明)해에 면한 사가(佐賀) 현의 시라이시(白石) 초에서 태어났습니다. 7형제 중 4남이었습니다. 일본군이 상하이를 공격할 당시 폭탄을 안고 적진에 뛰어든 "폭탄 3용사" 중 한 사람이 사가 현 출신이라 고향의 자랑으로 일컬어지던 영향 때문에, 장성해서 군대에 들어가는 것이 당연하다고 생각했습니다. 16세에 예과 연습생³으로 자원해 미에 해군항공대 나라(奈良) 지대로 입대했습니다.

전국이 날이 갈수록 악화되던 시기였습니다. 연습생들 사이에서 비행기에 의한 특공과 관련한 소문이 퍼지고 있던 1944년 여름, 미에 해군항공대 사령이 나라를 방문해 약 1만 명의 훈련생들 앞에서 말했습니다.

"전국을 만회하기 위해, 해군이 신무기를 개발했다. 이 무기는 연신 육박, 일격필살을 기하는 것으로 특별한 위험을 수반한다. 이제부터 탑승원 100명을 선발할 것이다. 희망자는 이름 위에 동그라미를 쳐라."

이 무렵은 항공대에도 제대로 된 비행기가 거의 남아 있지 않았습니다. 그렇다면 신무기 쪽이 좋지 않겠나하는 생각에 저는 이름 위해 이중으로 동그라미를 그려 넣었습니다.

그해 연말이었던 걸로 기억합니다. 신무기의 훈련기지가 있었던 야마구치 현 도쿠야마(德山) 시(지금의 슈난·周南 시) 오쓰시마(大津島)에 상륙한 우리들 앞에 1기의 어뢰가 가로놓여져 있었습니다. 이것을 가리키

---

3 10대 후반의 청소년을 항공병으로 양성했습니다.

며 상관은 "너희들은 행운아다. 1억 엔이나 하는 관에 들어갈 수 있으니까"[4]라고 말했습니다. '카이텐'이었습니다. 그 순간부터 죽음을 벗하며 살아가는 나날이 시작되었습니다.

'카이텐'은 잠망경으로 적함의 속도와 방위를 관측하고 자신의 진로와 속도가 결정되면 안전하게 잠수해서 돌진합니다. 이 동안에는 밖을 볼 수 없습니다. 해저에 처박혀 산소결핍으로 사망하는 등 훈련 중의 희생자도 속출했습니다.

우수한 대원 가운데 '출격 탑승원'으로 선발되면 '카이텐'을 실은 잠수함을 타고 작전해역으로 향합니다. 선발되지 못하면 진심으로 유감이라고 생각했습니다. 훈련 중에 동기생이 목숨을 잃었는데도 '아깝다'고만 생각할 뿐, 슬퍼하는 마음이 없었습니다.

■ 반전(反戰)의 당을 알고 가치관이 일변

종전 이후, 고향 집으로 돌아온 저는 가업인 승려의 일을 도왔습니다. 그러던 중에 동네에 치과의원을 개업한 12살 터울의 형으로부터 생각지도 못했던 이야기를 들었습니다.

"이번 전쟁은 일본의 군국주의가 일으킨 침략전쟁이야. 여기 반대했던 게 일본공산당이다." 충격이었습니다. 나라를 위해 죽는 것이 올바르다고 믿었는데, 그 전쟁이 부정의(不正義)한 것이었다니! 가치관이

4　당시 항공모함의 건조비가 1억 엔 정도로, 다나카 씨는 "과장해서 한 말이었겠지요"라며 일축했습니다.

일변했습니다.

형은 전전에 도쿄의 치과학교에서 공부하던 시절 사회주의연구회에 들어갔다고 합니다. 저는 형으로부터 "노동자가 주역인 사회를 지향하는 것이 일본공산당"이라고 듣고, 감동했습니다. 해군 시절의 저금을 모두 당 본부에 기부하고, 당의 권유로 일본청년공산동맹(지금의 민청동맹)에 가입, 당에 들어갔습니다.

식량이 부족해 강제로 쌀을 공출 당하는 바람에 농가가 고통 받고 있던 시절이었습니다. 저는 승려로서 공출에 응할 필요가 없다는 내용의 설법을 하며 돌아다닌 끝에 마을의 농업위원이 되기도 했습니다. 형은 당원으로서 투쟁해서 후에 당 소속 기초단체 위원이 되기도 했습니다.

불교를 더 깊이 공부하기 위해 1959년 도쿄 세타가야 구에 있는 고마자와(駒澤)대학에 들어갔고, 그때부터 그 지역에서 활동해 왔습니다. 공부를 하다 틈이 나는 대로 매일 당본부에서 《신문 아카하타》를 날랐습니다. 아내의 친정에서 가업으로 하던 수도공사 가게도 이어받아 바쁘게 일했습니다.

오랫동안 당의 지역 지부장을 맡으면서 지금도 일주일에 이틀은 《신문 아카하타》를 배달하고 있습니다.

아베 총리는 '전쟁법'을 만들고, 자위대를 해외의 전쟁에 내보내려 하고 있습니다. 이번 총선거에서 '승리'했다면서 헌법 9조 개악 움직임도 강화하고 있지요. 이런 행동들을 용납해서는 안 됩니다. 인간에게 가장 좋은 일은 자신의 행복과 세상을 보다 살기 좋게 만들기 위해 일하는 것입니다. 전쟁터에 나가 죽는 것만큼 비참한 일은 없습니다.

야스쿠니 신사의 '유취관'에는 전사한 '카이텐' 대원들의 사진이 전시되어 있습니다. 그 중 몇 사람은 저와 밤낮을 함께 생활했던 대원들입니다. '카이텐'의 비극을 되풀이하지 않기 위해서라도 저는 평화를 호소하고 싶습니다.

2017년 10월 26일, 아오야나기 가쓰로

3

|

특공대원의 눈물,
전쟁의 잔혹함을 통감

전 해군 정비병,

도쿄도 스기나미 구 가지하라 시게오(梶原志計雄) 씨

"오직 평화를 통해서만 상업은 번성합니다. 오직 평화를 통해서만 서민도 행복해집니다."—도쿄 스기나미 구 고엔지기타(高円寺北) 지부에서 활동하는 가지하라 시게오 씨(90)는 실감합니다. 전쟁 중에는 해군에서 특공기의 출격을 전송하는 일을 했고, 전후에는 대본소를 운영하면서 자영업자 운동에 진력했습니다. 그의 반생과 평화에 대한 생각을 들어보았습니다.

그것은 군국소년이었던 제게 있어서 물벼락을 맞은 것처럼 등골이 서늘해지는 충격이었습니다. 그 병사는 당시 17세의 정비병이었던 저보다 고작 몇 살 위인 특공대원이었습니다. 그는 출격 당시, 항공사령으로부터 받은 고별주를 자신의 얼굴에 끼얹고 흰 천이 씌워진 상 위에 잔을 내던졌습니다. 그리고 사령에게 경례도 하지 않은 채 비행기를 향해 뛰면서 정렬해 있던 우리 정비병들 앞을 지나쳤습니다. 그의 눈에는 분명 눈물이 반짝이고 있었습니다.

'아, 이 사람은 이제 죽는구나.' 엔진의 폭음을 들으면서 저는 처음으로 '죽음'을 가까이에서 느꼈습니다. 그가 탑승한 비행기는 '아기'라고 불리던 연습용의 복엽기에서 교관용의 좌석을 떼어낸 뒤 100킬로그램의 폭탄을 탑재한 것이었습니다. 그는 그 비행기를 타고 오키나와 방면으로 향할 것이라고 들었습니다.

1945년 3월부터 5월까지, 히로시마 현 후쿠야마(福山) 해군항공대에 근무하던 시절의 이야기입니다. 저는 전지에는 가보지 못했지만, 두 명의 특공대원을 떠나보내며 전쟁의 잔혹함을 통감했습니다.

■ 버섯구름 아래서 11명 연락두절

가지하라 시게오 씨

저는 1927년 오카야마 현 호코타테(鉾立) 마을(지금의 다마노·玉野 시)에서 태어나 초등학교(당시)를 졸업한 1942년, 히로시마 현 쿠레(吳) 시 제11해군항공창(海軍航空廠) 공원양성소에 들어갔습니다. 2년간 훈련을 받고 30명 중 5등의 성적으로 졸업한 뒤 히로시마 현 오타케(大竹) 시의 오타케 해병단을 거쳐 후쿠야마항공대에 배속되었습니다.

항공창에서는 제로센 엔진의 제조공정 개선안을 내 표창을 받은 적도 있습니다. 그런데도 항공대에서는 상관에게 '느슨하다'고 자주 얻어맞았습니다.

사람은 얻어맞다보면 사고력이 사라지고 '오늘 하루 어떻게 하면 얻어맞지 않고 지나갈 수 있을까'만 생각하게 됩니다. 그래도 우리 항공병은 나은 편이었습니다. 특공대원은 더 혹독하게 두드려 맞았으니까요.

후쿠야마항공대도 비행기가 거의 소진되어 1945년 5월 쿠레로 돌아왔습니다. 항공창도 공습으로 파괴된 상태였지만, 특공기를 만들기 위해 전국에서 제로센 부품을 모으는 부서가 있었고, 거기 근무하던 저는 각지의 공장을 돌았습니다.

8월 6일 아침, 항공창의 건물 안에서 강렬한 빛과 압력을 느끼며 버섯구름을 보게 되었습니다. "특수폭탄이 히로시마에 투하"되었다면서 응급대가 조직되어 저를 포함한 21명이 2대의 트럭에 나뉘어 타고 히로시마 시로 향하게 되었습니다.

그러나 제가 탄 트럭이 결국 고장으로 움직이지 않게 되어, 다른 한 대에 탄 11명만이 히로시마 시에 도착했습니다. 전쟁이 끝난 후 당시의 동료에게 연하장을 보냈더니 저와 같은 트럭에 탔던 9명으로부터는 답장이 왔지만, 다른 차에 탔던 11명에게서는 한 통의 답장도 오지 않았습니다. 이후에 그들 중 누구도 설을 맞을 수 없었다는 이야기를 들었습니다.

군대에서 해방된 저는 고향인 호코타테 마을로 돌아왔습니다. 이 무렵 노동운동과 농민운동, 그리고 일본공산당과 만나게 되었습니다.

저는 당초 미쓰비시중공업의 하청으로 철도 브레이크를 만드는 회사에서 일했습니다. 노동조건은 열악했지요.

노동운동이 폭발적으로 확산되던 시대였습니다. 저는 회사에 조직된 노동조합에 들어가 1947년 집행위원이 되었습니다. 위원장은 일본공산당 당원이었습니다. 당시, 대투쟁을 벌이던 히로시마 현의 미쓰비시중공업 미하라(三原)제작소의 노조와도 교류하면서 거기서 투쟁하던 일본공산당원을 보니 '노동자의 편은 일본공산당'이라는 확신이 들어 입당하게 되었습니다.

그 뒤 미쓰비시중공업이 회사에 "노조 집행위원을 해고하지 않으면 일을 주지 않겠다"고 압력을 행사함에 따라, 우리 집행위원은 1948년 퇴직을 결단하게 됩니다. 그 무렵 호코타테 마을의 농민운동과도 조우하게 되었습니다. "이케다(池田) 영주(옛 오카야마 번의 영주)보다도 지독한 연공(年貢)이 왔다"고 화제가 되던 중세(重稅)와의 싸움[5] 때문이었습니다.

저는 마을의 청년단장으로서 계속 벽신문을 만들어 마을 한가운데붙이는가 하면, 동료 당원들과 함께 농민의 고통에 무관심한 촌장과 기초의원들에게 대책을 요구했습니다. 마을에 '납세민주화동맹'이 조직되어 400명이 가입했습니다. 동맹원 촌장이 탄생했고, 1950년 참의원 선거에서는 일본공산당 이타노 카쯔지(板野勝次) 후보가 마을에서 3할의

---

5 정부는 전후의 인플레시기에 세수를 확보하기 위해 농어민과 중소업자에게 과대한 세금을 부과, 전국적으로 중세 반대 투쟁이 일어났습니다.

도쿄에 열었던 대본소 앞에서, 아내 후사코(房子) 씨(오른쪽)와=1954년 경

표를 얻었습니다. 이 결과, 세무서에 대폭적인 감액을 관철시킬 수 있었습니다.

■ 민주상공회에서 활동 반세기

그러다가 친척들이 운영하고 있던 영향으로 1954년 도쿄에서 대본소를 열었습니다. 오차노미즈(御茶ノ水) 주변 대학에 다니는 학생들이 많은 스기나미 구의 중앙선 근교에 있던 가게였는데 70년대 전국 대본소 가운데 최고의 매상을 기록했습니다. 가게는 고서점으로 업종을 전환해 지금도 영업을 하고 있습니다.

스기나미 민주상공회에서 활동을 한 지도 어느새 반세기 이상이 되었습니다. 1990년대에는 회장도 역임했지요. 바쁜 가운데서도 당원으로써 80을 넘길 때까지 《신문 아카하타》를 배달했습니다. 1999년에는 구청장 후보도 했었습니다.

일본공산당 당원으로 살아온 것은 틀림없는 길이었다고 저는 믿고 있습니다. 이번 도의회 선거 기간 중에도 가게를 찾은 남성으로부터 《신문 아카하타》 일요판 구독 신청을 받았습니다. 또한 그 분은 친구와 함께 입당하기도 했습니다. 저로서도 기쁜 일이었지요.

아베 정권은 전쟁법을 만들어 헌법 개악을 노리고 있습니다. 역사적으로 전비 조달을 담당했던 소비세의 증세도 꾀하고 있지요. 전쟁과 장사를 아는 사람으로서 단호히 '노(No)'를 외치고 싶습니다. 숨이 붙어 있는 한 목청을 높일 것입니다.

2017년 9월 9일 / 아오야나기 가쓰로

4

중국에서 알게 된 전쟁의 참혹함

전 관동여자통신대원

도쿄도 하치오지 시 이케다 교(池田敎) 씨

도쿄 도 하치오지(八王子) 시의 메지로다이(めじろ台) 지부에서 활동하는 이케다 교 씨(88)는 72년 전 관동군 여자통신대원으로 패전을 맞았다가, 후에 팔로군(중국공산당군)의 위생요원으로 중국각지를 돌았습니다. 귀국한 뒤에는 일본공산당원으로서 주민운동 등에 진력해왔습니다. 그 체험과 평화에 대한 생각에 대해 들어보겠습니다.

이케다 교 씨

저는 1929년 중국의, 당시는 일본의 조차지였던 다롄(大連)에 있는 와팡뎬(瓦房店)이라는 소도시에서 태어났습니다. 다롄에는 관동군 사령부가 설치되어 있었습니다. 아버지가 외무성 직원으로 중국에 이주, 40세 전후에 퇴직한 뒤 과수원을 경영하는 유복한 가정이었습니다.

1944년의 일입니다. 뤼순(旅順)고등여학교 4학년이던 저는 학도동원으로 뤼순공과대학에 가게 되었습니다. 그리고 금속의 마모를 측정하는 부서의 연구조수가 되었습니다. 어느 날 연구소 사람들과 점심을 먹고 있는데 젊은 남성 연구자들이 "일본은 왜 질 줄 알면서 미국과 전쟁을 시작한 거지"라며 이야기를 꺼냈습니다.

저는 깜짝 놀랐습니다. 전쟁에 반대하는 인간이 있다면 보고해야 했으니까요. 하지만 그들은 제게 친절하게 대해준 사람들이었습니다. 저는 며칠 동안 고민한 끝에 입을 다물기로 결정했습니다. 만약 보고했다면 저는 아마 지금까지도 고통스러워하고 있을 겁니다. 밀고를 장려하는 사회란 무서운 거지요.

■ 불리한 자료, 패전 시 소각

그 해 12월, 관동군이 다롄에 '여자정공통신대'를 만들어 저는 학교의 권유를 받아 8명의 학우와 함께 들어갔습니다. 거기서 모르스 신호 등의 특별훈련을 받고 군속으로 실무를 맡게 되었습니다.

1945년 8월 9일 소련군이 공격해 올 당시의 긴장감은 지금도 잊을 수 없습니다. 소련 국경 인근의 감시탑으로부터 '소련기 침입'보고가 줄을 잇다가 결국 통신이 끊어져버렸습니다. 종전을 알리는 천황의 라디오 방송이 다롄에서 관동군 장교들이 정렬해 있는 가운데 들려왔습니다.

여자통신대에는 당직자를 남기고 숙소에 대기하라는 명령이 떨어졌습니다. 나중에 당직자에게 들은 이야기인데 방송이 나온 이후 병사들이 총출동해서 거대한 굴을 파고 방대한 자료를 집어넣은 뒤 아침까지 태웠다고 합니다. 일본군에게 불리한 자료를 철저하게 처분해버린 것입니다.

패전 후 와팡뎬으로 돌아갔는데 팔로군으로부터 일본인회를 통해 위생요원을 보내달라는 요청이 있었습니다. 당시 회장이던 아버지의 입장을 생각해서 스스로 '제가 가겠다'는 결정을 내렸습니다. 본국에서 현지의 공장으로 객지벌이를 하러 와 있던 많은 젊은 여성들이 같은 시기 팔로군에 들어갔습니다.

팔로군에서는 중국 전역을 돌며 간호 업무를 했습니다. 그 과정에서 나중에 제 남편이 되는 의사 이케다 토시오(池田敏雄)를 알게 되었습니다. 나중에 그는 민의련 하치오지 공립 진료소의 이사장이 됩니다. 중국 각지를 돌면서 일본군이 저지른 행위들을 알게 되었습니다.

장강의 남쪽에 있는 어느 마을에 들어갔을 때의 일입니다. 팔로군으로부터 "이 지역은 세균전의 피해를 입은 곳이니 절대로 일본어를 쓰지 말라"는 지시를 받았습니다. 저는 사실을 알고 있어야 할 책임이 있다는 생각에 마을에서 초로의 남성에게 중국어로 "여기서 세균전이 있었느냐"고 물었습니다. 그러자 노인의 안색이 달라지면서 "이 마을에서 일어나지 않았다"는 답이 돌아왔습니다. 남성은 사실을 알고 있었기에 소문 피해 등을 우려, 오히려 피해를 부정했던 것이라고 생각합니다. 가볍게 질문을 던진 제 자신을 원망했습니다.

일본으로 돌아온 것은 1958년의 일입니다. 마지막 4년간은 학교에서 공부를 했습니다. 이 무렵, 제 남편은 일본에서 《신문 아카하타》를 들여와 읽다가 무차별·평등의 의료와 복지의 실현을 지향하는 민의련의 존재를 알게 되었고, 제게 "귀국하면 여기서 일하자"고 말했습니다.

■ 자국의 역사를 직시하는 일

그렇게 귀국을 한 지 얼마 되지 않아 일본공산당에 입당했습니다. 평화와 여성·육아 분야를 중심으로 여러 가지 운동에 관여했습니다.

도쿄 도 히가시무라야마(東村山) 시의 공영주택에 살던 1966년 처음으로 주민운동에 관여했습니다. 시내에서 집단설사가 발생했을 때 젊은 어머니들과 여성단체를 조직해 하수도 공사에 결함이 있었다는 사실을 밝혀냈습니다. 일본공산당의 고토 만(後藤マン) 도의원과 힘을 모아 시장과 교섭을 벌인 끝에 전면 개수와 배상 약속을 받아냈습니다. 이 당시 힘을 모았던 젊은 엄마들이 신일본부인회 지부를 결성할 때도 힘이 되어주었습니다.

1967년 일본공산당과 사회당의 연대를 통해 탄생시킨 것이 미노베 료키치(美濃部亮吉) 혁신도지사입니다. 그때의 감동이 아직도 생생합니다. 당시까지 일본공산당의 유인물을 건네면 눈앞에서 찢어 내버리는 사람도 있었지만, '복마전'이라 불리던 부패한 도정에 주민의 분노가 끓어오르면서 전 지역에서 혁신도정에 대한 기대가 고양되었습니다. 또한 이 승리를 통해 통일전선의 소중함을 알게 되었습니다.

지금은 하치오지에서 건강 상담을 하며 지부활동에 참가하고 있습니다. 중일우호협회와 치안유지법 국가배상동맹에서도 활동 중입니다.

아베 총리는 중국과 북한의 위협을 부르짖으며 전쟁법을 만들어 헌법개악을 노리고 있습니다. 그러나 오래전 일본도 세계를 적으로 돌렸던 과거가 있습니다. 자국의 역사를 진지하게 직시하지 않고서는 타국을 비판하더라도 설득력이 없습니다.

반전평화를 관철하고 국민의 고난경함을 위해 싸워온 일본공산당의 일원으로서 60년 가까이를 지내왔다는 것은 저의 자랑입니다. 남은 인생, 미력이나마 평화로운 세상을 만드는 데 힘을 보태고 싶다고 생각합니다.

2017년 8월 23일, 아오야나기 가쓰로

군국소년, 이야기꾼이 되어

전 만몽개척 청소년 의용군 대원
오사카 부 돈다바야시(富田林) 시 도고 히로미(藤後博巳) 씨

도고 히로미 씨

오사카 부 돈다바야시 시 돈다
바야시나카(富田林中) 지부에서 활동
하는 도고 히로미 씨(88)는 전쟁 당
시 '천황폐하를 위한' 사명감에 불
타, 만몽개척 청소년 의용군[6]의 일
원이 되어 구 '만주'로 건너갔습니
다. 지금은 주로 젊은이들을 대상으
로 '전쟁'에 대해 증언하는 '이야기꾼' 활동을 하고 있습니다. 중국에서
의 체험과 평화에 대한 생각을 들어보았습니다.

---

6 16세에서 19세 사이의 남성들을 모집, 구 '만주'에서 '개척'과 군사 임무를 수행하게 한 단체.
이 단체와 관련해서 1938년부터 종전 까지 약 8만 7천 명이 구 '만주'로 보내졌습니다.

1944년 3월, 오사카 출신자 199명으로 구성된 향토중대(鄕土中隊)의 일원으로 구 '만주'에 건너간 저는 종전을 알리는 천황의 라디오방송을 중대원 4명이 파견되었던 하얼빈의 간부훈련소에서 들었습니다. 당시 16세이던 저는 멍해지는 느낌과 앞으로의 일들에 대한 불안에 휩싸였습니다. 제가 전쟁의 잔혹함을 맛본 것은 바로 이때부터였습니다.

■ 길가에 놓여 있던 어린아이들의 시체

소련군에 의해 하얼빈에서 약 300킬로미터 동쪽에 있는 무단강의 포로수용소로 연행되던 도중, 산중의 길가에 세 구의 어린아이 시신이 놓여 있는 것을 보았습니다. 그 중 한 구는 단발머리 여자아이의 시체였는데 흙빛으로 변해 있던 얼굴을 지금도 잊을 수 없습니다. '어차피 죽을 거라면 부모 손에…'라는 심정으로 살해한 것일까요. 가까이의 작은 시냇가에는 부패한 일본군 병사의 시체가 있었습니다.

그런 참상을 보니 군국소년이던 저도 전쟁의 허망함을 통감하지 않을 수 없었습니다. 게다가 소련군의 침공과 동시에 개척단을 버려둔 채 철수한 관동군에 대한 분노도 가득했습니다.

무단강에서 제가 소속되어 있던 중대의 본대와 만났습니다. 소련과의 국경 방면에서 피난해 오는 동안 전투와 굶주림, 질병 등으로 이미 50명이 이미 사망한 상태였습니다.

현지의 농민에게 죽임을 당한 대원도 있었습니다. '만몽개척'의 실태는 중국인의 농지를 극단적으로 싼 값에 매수하는 등의 수탈이 중심이었던 까닭에 일본인은 원한의 대상이 되었습니다.

생가의 식당 앞에서 찍은 기념사진.
앞줄 오른쪽에서 두 번째가 도고 씨.

우리 대원들은 아직 어린아이들이라는 이유로 시베리아의 수용소 입소는 면할 수 있었습니다. 하지만 교관은 그럴 수 없었습니다. 훗날 일본공산당 오사카 부 의회 의원이 되는 히사다 코타로(久田小太郎) 씨는 당시 제 군사교련 교관으로 그렇게 시베리아로 보내졌던 사람 중 하나입니다.

포로수용소에서 석방되어 하얼빈으로 돌아왔더니 예전의 간부훈련소는 사실상 일본인 난민 수용소가 되어 있었습니다. 총 2만 명이 수용되어 기아와 추위, 티푸스 등으로 1년 동안 4천 명이 사망했다고 전해집니다. 저는 길에서 일자리를 구하러 다닌 끝에 중국인 부부가 경영하는 요리점에서 숙식을 해결하며 일할 수 있게 되었습니다.

패전으로부터 1년 뒤 팔로군의 요청에 따라 저는 반강제적으로 팔로군에 위생병으로 입대했습니다. 그때 의용군에서 '공비'(공산주의 도적)라고 가르쳤던 팔로군의 민낯을 접할 수 있었습니다.

팔로군은 인민에 근거한 군대였습니다. 어느 날 제가 농민의 밥그릇을 깨놓고 '겨우 밥그릇 하나일 뿐인데'라는 생각에 방치하자 정치지도원이 그 모습을 보고는 "대중의 물건은 바늘 하나, 실 한 톨도 빼앗지 말라"며 팔로군의 기율를 철저하게 가르쳐주었습니다. 일본인 병사에 대해서도 차별 없이 "혁명을 위해 힘을 빌려 달라"며 정중히 설득했습니다.

1949년 중화인민공화국이 수립되었을 때는 제 일처럼 기뻤습니다. 일본공산당의 존재를 신문을 통해 알고는 '일본에도 공산당이 있구나, 귀국하면 입당하자'고 결심했습니다. 하지만, 당시 일본정부의 중국 적대 정책으로 인해 귀국은 1955년까지 늦춰질 수밖에 없었습니다.

■ 중일불재전(中日不再戰)이 평생의 테마

'중일불재전'이 제 인생의 테마입니다.

귀국한 지 얼마 되지 않아 입당했습니다. '사회주의국가로부터의 귀환자'라는 이유로 직장을 구하는 데 어려움을 겪다가 다행히 민의련에 일자리를 구할 수 있었습니다.

당에서는 오랫동안 직장 및 지역 지부장과 기관지 담당 등을 맡았습니다. 지금껏 저로 인해 입당을 하게 된 동료만 30명 정도 되려나요. 지금은 돈다바야시 지부에서 기회를 마련해 주셔서 중일우호 활동을 하고 있습니다. 중일우호협회에서의 활동한 지는 62년이 되었습니다.

중국에서 1966년 '문화대혁명'이 일어나 '마오쩌둥 파(派)'가 일본 공산당에 분열책동을 벌인 것은 가장 슬픈 사건이었습니다. 제 주변에서도 선배 당원들이 분열 책동에 넘어가 당을 떠난 슬픈 경험이 있습니다.

오늘날 중국이 핵무기 금지조약과 영토·영해를 둘러싼 문제로 대국주의적인 태도를 취하고 있는 것도 안타깝습니다. 바로 이런 상황이 있기 때문에 더더욱 풀뿌리 교류가 중요하다고 생각합니다.

저는 노래운동에 관여하며 최근 20년 동안 난징대학살을 제재로 한 합창조곡, '자금초(紫金草) 이야기' 등, 일본군의 전쟁범죄를 고발하는 합창곡을 중국 각지에서 공연해왔습니다. 현지의 TV에서 다뤄주는 바람에 공연 다음날 곁을 지나치던 사람들로부터 악수하자는 요청을 받은 적도 있었습니다.

일본에서는 아베 정권이 개헌을 노리며 '전쟁하는 나라 만들기'를 진행하고 있습니다. 전전, 일본정부는 '만몽은 일본의 생명선'이라면서 국민을 전쟁으로 몰아갔습니다. 그 시대를 되풀이해서는 안 됩니다.

'이야기꾼'으로서 만난 사람들도 어느새 2천 명을 넘었습니다. 목숨이 남아 있는 한, 평화의 존귀함을 호소하고 싶습니다.

2017년 8월 12일 / 아오야나기 가쓰로

후기

이 책의 원안이 되는 기사의 집필에 참여한 30대 안팎의 《신문 아카하타》 기자들은 모두 전후에 태어났습니다. 동세대와 청년세대의 여러분, 장래를 짊어질 세대에게도 일본이 일으킨 아시아에서의 침략전쟁의 실상을 전하고 싶다는 생각으로 취재해 임했습니다.

70여 년 전 일본이 제국주의국가로서 영토 확장의 야망 속에 아시아의 제(諸)국가·민족에 대한 침략전쟁과 식민지 지배, 군정을 벌였고 그 결과, 아시아에서 2천 만, 일본에서만 310만 명의 방대한 희생자를 내며 사람들의 일상생활과 인권을 파괴했다는 사실은 알면 알수록 소름이 끼치는 일이었습니다.

학자·연구자, 시민 유지 분들께서도 숨겨져 있던 자료, 증언을 힘들게 발굴하며 역사의 사실을 밝혀주셨습니다. 그 성과 또한 이해를 구하고 활용할 수 있었습니다.

수십 년에 걸친 활동이 거듭된 결과, 오늘날, 예컨대 대학살이 있었던 난징 시에서 일본과 중국의 시민이 교류, 일본군이 중국에 유기한 독가스 무기에 의한 피해의 구제 및 두 나라 간의 민간협력이 이루어지는가 하면, 말레이시아·싱가포르에서의 일본군에 의한 희생자 추도 투어를 계속해 온 일본인과 현지 시민사회가 교류하는 등, 새로운 협력·우호의 고리가 물결처럼 번져나가고 있습니다.

전쟁체험자가 전전부터 반전평화로 일관해온 일본공산당의 일원이 되어 활동하는 모습도 이 책을 통해 처음으로 소개했습니다. 이 책이 침략전쟁에 대한 반성에 입각한 일본과 아시아의 시민들 간 교류 확대에 일조할 수 있다면 더 바랄 것이 없겠습니다.

본문의 중국과 한국·조선의 인명과 관련해서는 기본적으로《신문 아카하타》의 표기에 따릅니다. 중국의 인명은 상용한자 이외의 문자가 포함되어 있는 까닭에 일본어의 독음을 기준으로 했지만, 한국·조선의 인명은 현지에서의 독음을 가타카나로 표기했습니다. 인물의 연령은 《신문 아카하타》 게재 당시가 기준이며, 복수의 기자가 집필에 참여하고 있는 까닭에 역사의 기술 등이 일부 중복되는 부분도 있으니, 아무쪼록 너그러운 이해를 바랍니다.

수록된 기사는 모토요시 마키, 도구치 노리유키 (이상 일요판), 아오노 케이, 아오야나기 가쓰로, 아베 카즈지, 쿠기마루 아키라, 고바야시 타쿠야, 데시마 요코, 미야코 미쓰코, 야마자와 타케시, 와카바야시 아키라 (이상 일간지) 등의 기자가 데스크, 교정기자와의 공동 작업을 통해 집필했습니다. 또 단체·개인의 분들로부터 귀중한 사진 게재와 관련한 이해를 구했습니다. 이 책의 발행을 위해 진력해주신 신일본출판사의 히사노 도리히로(久野通宏) 씨께도 진심 어린 감사를 전합니다.

전전부터 일관되게 침략전쟁과 식민지 지배에 목숨을 걸고 반대해온 일본공산당과 《신문 아카하타》는 아베 신조 총리와 자민당이 노리는 헌법 9조 개악을 용납하지 않으며, 이를 위해 모든 힘을 다할 것입니다. 부디 이 책이 많은 분들께 읽혀지기를 바라마지 않습니다.

옮긴이의 말

1

잠시 시계를 북한의 평창올림픽 참가와 남·북 단일팀 구성 관련 논의가 한창이던 지난해 초로 돌려보자. 한반도 해빙무드가 시작된 이 시기, 일본 언론의 반응은 한국과 사뭇 달랐다.

평소 '논조의 선명성'이 익히 알려진 《산케이신문》은 언급할 필요도 없다. 소위 '중도 성향'으로 분류되는 《마이니치신문》의 1월 19일자 사설("평창올림픽을 둘러싼 남북대화, 유화지상주의는 위험하다")은 "북한의 비위를 맞추는 것 같은 한국의 자세에 위화감을 느낀다"는 자극적인 문장으로 시작하여 "남북화합을 무엇보다 우선하는 것 같은 현재의 자세에 우려를 금할 수 없다"는 코멘트로 마무리되었다. '진보 성향'으로 알려진 《아사히신문》의 경우도 사정은 크게 다르지 않았다. "남북한 대화,

냉정히 비핵화 유도를"이라는 제목의 1월 11일자 사설은 "(북한의) 참가 표명은 일단 낭보"라고 운을 떼었지만 "분위기에 휩쓸려 무원칙한 대북 지원으로 치달으면 국제제재 효과가 손상될 것"이라며 '충심'과 '오만' 사이를 외줄타기 했다.

이상의 내용에서 눈에 들어오는 것은 한반도 긴장 완화보다 북한 위협에 대처하는 한·미·일 협력을 중시하는 입장이다. 하지만 이러한 내용이 문제가 되는 것은 그 '보수적 태도'의 기원이 소위 '동북아시아 평화안보'와 다른 맥락에 놓여 있기 때문이다. 그도 그럴 것이, 일본 거대 매체의 양축인《요미우리신문》과《아사히신문》만 하더라도 과거 일본의 침략전쟁을 예찬하며 "성전(聖戰)에의 국민동원"이라는 기치를 내걸고 부역한 전과(前過)가 있다.

여기서 언급하지 않을 수 없는 이름이 쇼리키 마츠타로(正力松太郎). 경찰관료 출신으로《요미우리신문》을 인수한 그는, 침략전쟁 추진 기구인 대정익찬회(大政翼贊會)의 총무였다. 일본이 패전한 뒤 A급 전범 용의자로 체포되지만 끝내 석방되어《요미우리신문》사주로 다시 미디어 권력의 정점에 섰다. 그리고 아베 신조의 외조부이자 정치적 아버지인 기시 노부스케(岸信介)가 집권하자 국무대신 자리에 오르며 승승장구했다.

《아사히신문》은 패전 직후 경영진 사퇴와 국민에 대한 사죄를 표명했다. 하지만 무라야마 나가타카(村山長擧) 사장은 6년 뒤 사주로 복귀한다. 그의 맏형은 태평양 전쟁의 원흉 도조 히데키(東條英機) 내각의 문부성 대신으로 학도동원·학도근로동원 등을 담당했다. 부사장인 오가타 다케토라(緒方竹虎)도 조선총독을 지낸 고이소 구니아키(小磯國昭)

내각에서 국무대신을 역임했다.

　태평양전쟁 직전 일본공산당을 제외한 일본의 모든 정당은 자발적으로 당을 해산하고 대정익찬회에 합류, 국가총동원체제를 구축한다. 그리고 패전 후 침략전쟁에 부역했던 과거를 의식, 모두 당명을 개정했다. 하지만 침략전쟁의 나팔수 노릇을 했던 일본 언론(《요미우리신문》, 《아사히신문》, 《마이니치신문》)은 '간판'조차 바꿔달지 않았다. 일찍이 가쓰라 케이이치(桂敬一) 전 도쿄대학교 신문연구소 교수가 지적한 바와 같이 "권력과 일체화하는 경향을 강하게 보이며 자국의 역사적 책임의 이행보다 당면 이해관계의 충족을 우선하는 행동양식"으로 일관해온 것이다.

　　2

　일본공산당이 발행하는 일본 최대 진보매체 《신문 아카하타》가 남다른 위상을 갖는 것은 바로 이래서다.

　1928년 2월 창간한 《신문 아카하타》는 '천황절대(天皇絶対)'의 암흑정치가 절정을 이루던 1931년과 1932년 삼일절, "3·1기념일", "조선민족해방 기념일을 맞아 어떻게 투쟁할 것인가" 등의 논설을 전면에 게재하는 등 태평양전쟁 종전까지 반제국주의 투쟁의 선두에 섰다. 그 뒤에도 전후 혼란기에 패권을 휘두르던 소련공산당, 중국공산당, 그리고 북한의 조선노동당 등을 정면에서 비판하며 논쟁을 주도했고, 정부·재계의 눈치를 보는 거대 언론사가 손대지 못하는 다양한 사회문제를 성역 없이 다룸으로써 "살아갈 힘과 희망을 나르는 신문"으로 자리매김한다. 이런《신문 아카하타》가 오늘날 세계 주요도시에 지국을 두고, 일본 전역에 115만 명에 달하는 독자를 거느리는 내실 있는 성장을 이룬 것은 당연한 결과라 하겠다.

최근 동북아시아 평화와 관련한 정론직필(正論直筆) 또한 인상적이다.

평창올림픽 당시 "평화의 축제로 성공을 거두어, 지역과 세계 평화에 중요한 계기가 되는 축제가 되길 바란다"는 시이 가즈오(志位和夫) 일본공산당 위원장의 국회 기자회견 발언을 게재한《신문 아카하타》는 남북정상회담(2018년 4월 27일)이 개최되자 밝은 표정으로 악수하는 문재인 대통령과 김정은 위원장의 사진이 첨부된"완전한 비핵화로 핵 없는 한반도를, 한국전쟁의 종결 연내에"라는 표제의 기사로 4월 28일자《신문 아카하타》1면을 채웠다. 일본 언론으로서는 이례적이었다.

최근 대법원의 강제징용 판결과 관련해서는 어땠을까. 우선 90년대 이후 징용피해자들의 청구권 소송 패소가 이어졌지만, 피해를 입은 사실은 인정되어 일본강관(1999년), 후지코시(2000년), 미쓰비시마테리얼(2016년) 등 가해 기업이 사죄와 위로금을 지급한 예를 소개했다. 다음으로 일본 최고재판소가 개인의 청구권은 중일 공동성명에 의해 상실되었지만 개인의 실체적 청구권까지 소멸하지 않았다면서 정부와 기업의 자주적 해결에 대한 기대를 표명(2007년 4월 27일), 니시마츠건설이 사죄하고 기념비 건립과 합의금 지불이 이루어진 판례를 언급했다. 여기에 "고령이 되신 강제노동자의 청구에 상응하는 조치를 바란다"던 국제노동기구(ILO) 권고(2009년)까지 덧붙였다.

바로 이《신문 아카하타》편집국이 이번에 내놓은 『전쟁의 진실』은 지난 2017년 8월 건국대학교 중국연구원이 번역총서로 내놓은 『우리는 가해자입니다』의 자매편이다. 전작과 마찬가지로 무려 2년(2016년부터 2017년까지)에 걸쳐 11명의 기자들이 한·중·일은 물론, 동남아시아까지 망라하는 현장을 누비며 박진감 있는 취재를 진행했다. 모두 '전후세대'인 기자들은 과거 일본이 저지른 과오를 추적하는 가운데 때로는 '일본인' 이전에 '인간'으로서 견디기 힘든 고통을 느끼면서도, 침략전쟁과 식민지 지배에 목숨 걸고 저항한 불굴의 저널리즘 정신을 계승하는 자세를 보여주었다. 한편 수많은 학자와 전문가들의 검증작업으로 확보된 학술적 가치를 고려하면 이 책을 '학술총서'로서 번역·출판하기로 한 건국대학교 중국연구원의 혜안에 또한 감탄하지 않을 수 없다. 그렇게 『전쟁의 진실』은 앞서 출판된 『우리는 가해자입니다』와 더불어 암울했던 역사와 혼란스러운 현실을 넘어, 진정한 의미의 '동북아시아 평화'와 '미래지향적 한일관계'를 모색하는 이들에게 많은 시사점을 던져줄 것이다.

3

이 책을 번역·출판하는 과정에서 나는 한·일 두 나라의 많은 분들에게 신세를 졌다. 두 나라 민주시민의 풀뿌리 교류와 연대를 위해 언제나 필자의 작업을 아낌없이 후원해주시는 시이 가즈오 일본공산당 중앙위원회 위원장, 늘 따뜻한 격려를 아끼지 않으시는 필자의 가장 큰 조력자 오가타 야스오(緒方靖夫) 일본공산당 중앙위원회 위원장부위원장 겸 국제국장, 수십 년에 걸친《신문 아카하타》특파원 경험으로 많은 가르침을 주시는 모리하라 키미토시(森原公敏) 국제위원회 부책임자, 한국과 일본, 그리고 아시아의 새로운 미래를 열어갈 역사적 프로젝트를 성공시키고 열정 가득한 한국어판 서문까지 보내주신 오기소 요지(小木曽陽司) 편집국장을 비롯한《신문 아카하타》동료 여러분, 가장 가까운 자리에서 형제의 무한한 사랑으로 용기를 북돋아주시는 다도코로 미노루(田所稔) 신일본출판사 대표이사 사장 겸 편집장, 저널리스트로서의 글쓰기에 있어서 많은 지도편달을 해주시는 하타노 슈이치(羽田野修一) 월간《게이자이(經濟)》편집장, 존재만으로 가장 큰 힘이 되는 의형(義兄) 시미즈 다카시(清水剛) 교수, 『우리는 가해자입니다』와 마찬가지로 이 책의 출판 또한 현실화 되도록 절대적인 도움을 주신 건국대학교 중국연구원 한인희 원장님과 책의 기획과 출판 진행은 물론 교정 작업 까지 맡아주신 김용민 교수, 둘도 없는 소중한 친구 양헌재(良獻齋) 서재권 대표, 마지막으로 출판계의 어려운 형편에도 불구하고 책을 발행해주신 정한책방 천정한 대표께 이 지면을 빌어 진심 어린 감사의 마음을 전한다.

2019년 2월 1일
《신문 아카하타》창간 기념일에
홍상현

전쟁의 진실

증언으로 본 일본의 아시아 침략

초판 인쇄 2019년 2월 28일
초판 발행 2019년 3월 1일

지은이 | 《신문 아카하타》 편집국
옮긴이 | 홍상현
펴낸이 | 천정한
편집 | 김선우
디자인 | 정보환 박애영

펴낸곳 | 도서출판 정한책방
출판등록 | 2014년 11월 6일 제2015-000105호
주소 | 서울 마포구 모래내로7길 38 서원빌딩 301-5호
전화 | 070-7724-4005 팩스 | 02-6971-8784
블로그 | http://blog.naver.com/junghanbooks
이메일 | junghanbooks@naver.com

ISBN 979-11-87685-32-6 93910

책값은 뒷면 표지에 적혀 있습니다.
잘못 만든 책은 구입하신 서점에서 바꾸어 드립니다.